JN106304

ІСТОРІЯ ЯПОНСЬКО-УКРАЇНСЬКИХ ВІДНОСИН 1915-1937 pp.

日本・ウクライナ交流史
1915 –1937 年

ОКАБЕ　ЙОШІХІКО

岡部芳彦

神戸学院大学出版会

◆カバー写真
ハルビンのウクライナ民族の家（ウクライナ・クラブ）。
1階は、1934年から35年にかけて日本人女学校に
貸し出されており、入口左に「哈爾濱高等女学校」
の銘板が掲げられている。（著者蔵）

ウクライナ人と日本人の交流と友好のために力を尽くしたすべての人へ
また、これまでに出逢った日宇の様々な人々に
感謝を込めて

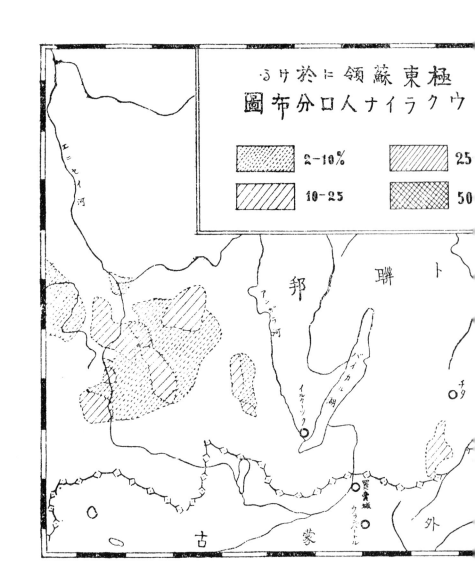

極東蘇領に於ける
ウクライナ人口分布圖

2-10%	25
10-25	50

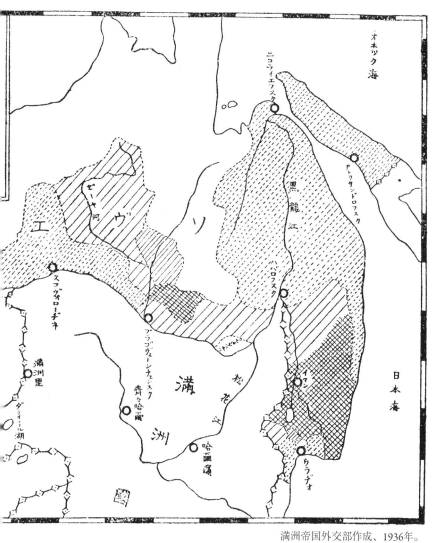

オホツク海

ニコライエフスク

アレキサンドロフスク

黒龍江

ビーヤ河

エ　ウ　ソ

スコヴォロヂノ

ハバロフスク

日本海

満洲里

フラゴヴェーシチェンスク

満　洲

齊々哈爾

ダライール湖

松花江

哈爾賓

イマ

ウラジオ

満洲帝国外交部作成、1936年。

目　　次

図表一覧

　本書では、ウクライナの地名のカタカナ表記について、史料を引用する場合は、それに従った。（例：在オデッサ領事）。それ以外については、2019年9月4日、衆議院第一議員会館第一会議室で行われたウクライナ研究会主催の「ウクライナの地名のカタカナ表記に関する有識者会議」の結論に基づいて記載する。（詳しくは次を参照：「〈ウクライナの地名のカタカナ表記に関する有識者会議〉報告」『神戸学院経済学論集』第51巻3号、133～143頁、2019年）。

　人名については、日本で初めて紹介される、またこれまであまり紹介されなかった人物は、ウクライナ語に近い表記とし、これまでたびたび紹介され、定着しているものはそれを使用した。（例：シェフチェンコ）。史料が日本語の場合は、ウクライナ語の姓名の表記は統一せず、それに基づき記載した。

日本・ウクライナ交流史
1915–1937年

序　章

　ウクライナは、2013年11月に始まったユーロマイダンを発端に翌年2月の政変、ロシアによるクリミア併合と東部での紛争を通じて、日本でも急に知られる国名・地域となった。一方、いつから日本人がウクライナを意識し始め、どの程度理解されてきたのかはよく分かっていない。本書の目的は、日本人がいつウクライナを知り、どのようにウクライナを捉え、1930年代までにいかなる相互交流が行われていたのかを検討することである。

　戦前の日本におけるウクライナ理解、日宇関係についての先行研究は非常に乏しい。昭和の大横綱大鵬幸喜の父が「白系ロシア人」ではなく、「ウクライナ人」のマルキャン・ボリシコであったと紹介されることが増えてきた[1]。しかし、ロシア史を中心とする研究者の間では、日本人と交流のあった満洲の白系ロシア人のカテゴリーの中で、ロシア人とウクライナ人の区別は、ほとんどされていない。その理由の一つとしては「満洲国警察資料によれば……ウクライナ人とロシア人とを民族的に区別する統計はない」ことがあげられる[2]。アルバータ大学ウクライナ研究センター副所長のS・シプコも、満洲関係の資料でウクライナ人コミュニティについて見つけるのは非常に困難であると述べている[3]。また、戦前の日宇関係については、駐ウクライナ大使を務めた黒川祐次が、1910年代後半から30年代について紹介しているが、「目下これ以上の肉付けはできない」とも記している[4]。

　戦前日本におけるウクライナ理解はどのようなものであったのだろうか。図序-1は国立国会図書館に所蔵される「ウクライナ」の語を含む書籍を各年別に数えたものである。1930年代後半にかけて、ウクライナへの関心が飛躍的に高まっているのが分かる。これは独ソ戦の開戦前後に、軍事戦略上の要衝として紹介されることが増えたからである。第二次世界大戦後は、形式上はウクライナ・ソビエト社会主義共和国であったにも拘わらずソビエト連邦の一地域という紹介のされ方がほとんどで、国名として捉えられることは激減してゆく。

　1905年に刊行された『日魯国勢略説』では「魯国の人種」の章で「小ロシア大ロシアの事」と題され、小ロシア人は「キエフを中心の其周辺に分住せるも

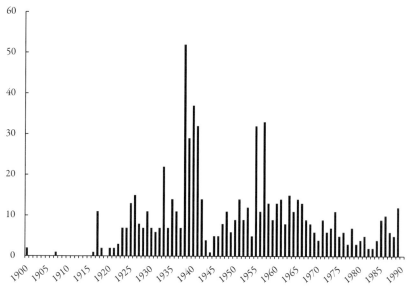

図序-1　国立国会図書館所蔵の年度別ウクライナ関係書籍

【出典】　国立国会図書館レファレンス。

の」と分類はされたものの、ウクライナという言葉はまだ使われていない[5]。国立国会図書館に残る刊行物には、ウクライナを意味する小露または小露西亜という言葉は、1900年代から使用されているが、文学作品の翻訳や歴史書を除いて1930年を最後に書籍の表題からは姿を消している[6]。日本で一般に「ウクライナ」という言葉が、いつ知られるようになったかは分からないが、その可能性が高いのは、1907年刊行のジョージ・ゴードン・バイロンの叙事詩『マゼッパ』の翻訳書である[7]。17世紀から18世紀にかけてのコサック国家のヘーチマンであったイヴァン・マゼーパは、ヴィクトル・ユーゴーの叙事詩やフランツ・リストの楽曲の題材にもなっている[8]。バイロンの原著にはないが翻訳では章立てされタイトルが振られており、第三章は「ウクライナ族の酋長なり」とされていることから、まだ国名とは認知されていなかったようである。

　ロシア革命後の1920年代以降、ウクライナ事情については市販された啓蒙書や資料集でも次第に取り上げられるようになった。ウクライナ社会主義ソビエ

ト共和国が成立したこともあり、日本において国号としての「ウクライナ」が定着したのもこの頃である。また、アナーキズムの視点からもウクライナが取り上げられたこともある。1925年の嘉治隆一著『近代ロシア社会史研究』では「ウクライナのアナァキスト運動」としてマフノ運動についても記載がある[9]。マフノ運動とは、ネストル・マフノによるウクライナ地域での無政府主義運動であり、一時は広大な自治区を形成する勢いがあった。マフノについては日本では大杉栄が最初に紹介したと言われる[10]。

　ウクライナが国際情勢や政治の重要地域として捉えられるようになったのは1930年代以降である。1931年に露西亜通信社より刊行された『サウェート現勢資料一九三一年版』ではセルゲィ・エフレーモフ[11]などが裁かれた「ウクライナ独立団反革命事件」がソ連政府の意図したとおりに事実として取り上げられる一方、ウクライナ独立運動が存在していることが記されている[12]。

　1937年に外務省情報部が編纂した『国際事情　続編第八版』は市販されていたが、第二章の「国際協定・国際紛争・その他」の項目にラインラントやエチオピア情勢、ザールの人民投票と並んで、「ウクライナ問題とは何か」の節が設けられている[13]。シモン・ペトリューラ[14]やパウロ・スコロパツィキー[15]などにも触れつつ、ロシア革命後のウクライナ独立運動やソ連政府によるウクライナ化政策とその中止にまで言及している。以上を見ただけでも、明治後期から第二次世界大戦直前までの日本で、「ウクライナ」は知られていない存在ではなく、ソ連やロシアと異なる文化・政治・経済が存在することが理解されていたのである。

　そこで、本書では、日本人がウクライナを知り、第二次世界大戦前にはウクライナ人とどのような関係を築いていたのかを、その始まりから20年余りにわたり検討したい。構成は以下のとおりである。第Ⅰ部「出会い」では、まず第1章で多くの日本人がウクライナ文化と出会う機会となったカルメリューク・カメンスキー劇団による1916年の日本巡業について取り上げる。カメンスキー劇団は前年にウラジオストクにおいて松井須磨子と島村抱月らの芸術座一行と共演した。本書の表題が1915年から始まっているのはそのためである。第2章では1935年に実際にウクライナ飢饉いわゆるホロドモールを目撃したと主張する日本人と識者の座談会を取り上げる。どのような人物がウクライナの飢饉に

関心を持ち、日本人の目にどのように映っていたのか見てみたい。第Ⅰ部の補章として、1926年にウクライナで最初に刊行された日本語教科書とウクライナ東洋研究学会による日本語教育、そして在オデッサ日本領事館からどのような支援が行われたのか検討する。

　第Ⅱ部「交流」では、満洲のハルビンを舞台に、まず第3章で1936年に満洲国外交部によって作成された資料を基に、満洲におけるウクライナ運動について取り上げる。日本人がウクライナ人とその活動をどのように見ていたのか、また日本人とどのような関わりがあったのかを分析する。第4章では日本の傀儡国家であった満洲国のハルビンで1932年から1937年まで発行されていたウクライナ語新聞『満洲通信』とその編集者であったイヴァン・スヴィットの手記を用いて、日本人との関係や在満ウクライナ人の実態を検討する。そして最後に、『満洲通信』の商業広告の分析を通じて、ハルビンのウクライナ人社会と商業活動の実態に加え、彼らがどのようなメンタリティーを持っていたのかにも迫りたい。

　本書で取り上げるのは、日本人とウクライナ人の交流に関わった知られざる人々についてである。その立場は、芸術家、学者、政治活動家、軍人、諜報員、ジャーナリスト、外交官、会社員、商工業者などまったく異なり、また様々な意図や考えを持っていた。大きな歴史の流れから忘れ去られた彼らに光を当てることで、同じく歴史のかなたに忘却された日本とウクライナの深い関わり合いを思い起こさせたい。

注

（1）　「第四十八代横綱大鵬」ウェブサイト、（URL: http://www.taiho-yokozuna.com/profile/index.html#episode2　最終閲覧日：2017年4月9日）。

（2）　高尾千津子「ハルビンのユダヤ人社会」、阪本秀昭編著『満洲におけるロシア人の社会と生活』ミネルヴァ書房、2013年、267頁。

（3）　Cipko, S., 'Ukrainians in Manchuria, China: A Concise Historical Survey', Past Imperfect, Vol. 1, 1992, p. 157.

（4）　黒川祐次『物語　ウクライナの歴史』中公新書、2002年、218～220頁。

（5）　武居芳成『日魯国勢略説』武居芳成、1905年、12頁。なお、平均身長は「大ロシア人は却って小ロシア人より低かった」そうである。

（6）　昇曙夢「三　小露西亜民謡昇曙夢」『露西亜文学研究』隆文館、1907年。八杉貞利

「一　大露西亜人と小露西亜人」『露西亜及露西亜人』時事叢書：第一六編、冨山房、1914年。浅野利三郎「軽快敏活なる小露西亜人」「我両民族混成の大小露西亜人」『民族史的最新研究日露親善論』東西時論：第八編、通俗大学会、1916年。大庭柯公「二　小露西亜人」『露西亜に遊びて』大阪屋号書店、1917年。浅野利三郎「第一章　小露西亜民族の形成」『露西亜民族の新研究：日露同種論』政教社、1924年。浅野利三郎「第一章　小露西亜民族の形成」『ソウエート・ロシヤの歴史地理的研究：資本主義への復帰』世界改造叢書第一編、政教社、1926年。露西亜通信社編「二　小露の歴史梗概」「三　小露の領域と人口」「小露の経済的価値」『露西亜事情　第三一輯：ウクライナの独立問題其他』露西亜通信社、1928年。和田軌一郎「エロシエンコ君と小露西亜旅行」『ロシア放浪記』南宋書院、1928年。露西亜通信社編「二　雑　小露雑観　公債の持出も禁止」「二　雑　小露独立主義者多数拘禁銃殺」『露西亜事情集第四編』露西亜通信社、1928年。露西亜通信社編「小露雑観」「猶太共和国は可能乎（小露西亜から極東露領に）」『サウェート現勢資料　第一篇』露西亜通信社、1930年。

(7)　バイロン、G・G『汗血千里マゼッパ』、木村鷹太郎訳、二松堂書房、1907年。

(8)　Hugo. V. M., Les Orientales, Charles Gosselin, 1829, pp. 325–337. Franz Liszt, Mazeppa (Sinfonische Dichtung), 1850.

(9)　嘉治隆一『近代ロシア社会史研究』同人社書店、1925年、258〜261頁。

(10)　マフノ運動については以下が詳しい。Ｐ・アルシノフ『マフノ運動史1918–1921——ウクライナの反乱・革命の死と希望』郡山堂前訳、社会評論社、2003年。

(11)　ウクライナ人民共和国中央ラーダ（議会）事務局長を務めた文学者。Internet Encyclopedia of Ukraine, Canadian Institute of Ukrainian Studies（URL: http://www.encyclopediaofukraine.com/　最終閲覧日：2017年4月30日）。

(12)　正確には「ウクライナ解放団公開裁判事件」。ハルキウ（ハリコフ）のオペラ座で開催された公開裁判で、実際に存在しないウクライナ解放団がでっち上げられ、45名のウクライナの知識人、作家、図書館員、教会関係者などに有罪判決が下され、投獄された。Internet Encyclopedia of Ukraine, Canadian Institute of Ukrainian Studies（URL: http://www.encyclopediaofukraine.com/　最終閲覧日：2017年4月30日）。

(13)　外務省情報部編『国際事情　続編　第八』良栄堂、1937年、409〜432頁。

(14)　ウクライナ民族主義者。1919年からウクライナ人民共和国ディレクトリヤ政権を率いた。赤軍に敗北後、国外に逃亡し1924年パリでソ連の諜報員によって暗殺される。Internet Encyclopedia of Ukraine, Canadian Institute of Ukrainian Studies（URL: http://www.encyclopediaofukraine.com/　最終閲覧日：2017年4月30日）。

(15)　ウクライナの政治家、ロシア帝国の軍人。ウクライナ・コサックの氏族スコロパツィキー家の当主。日露戦争、第一次世界大戦に従事した後に、1918年にウクライナ国のヘーチマンを務めた。Internet Encyclopedia of Ukraine, Canadian Institute of Ukrainian Studies（URL: http://www.encyclopediaofukraine.com/　最終閲覧日：2017年4月30日）。

第Ⅰ部　出会い

第1章 日本人とウクライナ文化との出会い
——1916年のカルメリューク・カメンスキー劇団の来日——

1 はじめに ——日本人とウクライナ人の交流のはじまり——

　日本人とウクライナ人の交流がいつ始まったのか。それについての先行研究は極めて少ない。日本国内で日本人とウクライナ人の最初の出会いと思われるのが、1914年に2名のウクライナ人が来日したことである。ひとりは盲目の詩人でエスペランティストとして知られるワシリー・エロシェンコであり、もう一名はのちにウクライナ中央ラーダのメンバーとなるヴァシリー・コロリョフ・スタリーである[1]。また、1924年に宮沢賢治は「曠原淑女」の中で故郷の農婦を「ウクライナの舞手」に例え、彼にとって理想の農業が行われた同地への憧憬の念が窺える[2]。一方、日本の一般大衆が初めてのウクライナ文化に触れたのはいつ、どのようにであったのだろうか。

　戦前の日宇交流を概観する際に重要な文献の一つが、1972年にニューヨークで出版されたイヴァン・スヴィットの『日本とウクライナの相互関係　1903–1945年』である[3]。スヴィットはハルビンで、1932年から37年の間にウクライナ語新聞『満洲通信』の編集者をしていた[4]。1918年にウラジオストク、1922年ハルビンに移住したスヴィットは日本人支援者の協力を得て、ときに関東軍やハルビン特務機関などの日本当局や白系露人事務局と対立しながらもウクライナ民族の家（ウクライナ・クラブ）やウクライナ人居留民会の中心人物として活動した。

　スヴィットは、1916年に「K・カルメリューク・カメンスキー劇団」が来日し、「日本のプレスはこのウクライナ人劇団について多くの記事を書き、ウクライナ人やその生活についての情報全般を提供し、日本の舞台で行われたこのウクライナ演劇の解説をした」と書いている[5]。また、「日本におけるウクライナ人俳優」と題された日本人らしき人物との集合写真も掲載されている（図1-1）[6]。同じ写真は、米国のウクライナ・ディアスポラ向けのウクライナ語新聞『スヴォボーダ（自由）』にスヴィットが書いた「アジアにおけるウクライナ演

図1-1 「日本におけるウクライナ人俳優」

【出典】Світ I. Українсько-японські взаємини 1903–1945... – C. 55.

劇」という記事にも掲載されているが[7]、両者ともに撮影場所や写っている人物についての記載はない。本章では、当時の新聞で報じられた内容から、知られざるウクライナ人劇団の来日に加え、多くの日本人がウクライナ文化と初めて出会いどのように感じたのか、その一端を明らかにする。まずは1915年12月の松井須磨子・島村抱月を中心とする芸術座のウラジオストク巡業から始めたい。

2　1915年のプーシキン劇場における松井須磨子との共演

　大正初期に、トルストイ原作の『復活』を上演し、劇中歌「カチューシャの唄」で一世を風靡した女優松井須磨子は1915年12月にウラジオストクを巡業した。しかし、この巡業については、当時の芸術座関係者が書いた著作、松井や島村の評伝、最近書かれたノンフィクションに至るまで触れられることがあっても詳細が書かれているものは存在しない[8]。また松井本人もインタビュー記事

の中で誰と共演したのか明確に述べていない。一方、「プーシキン座で興行中の小露西亜劇と合同して、悲劇剃刀と喜劇競争とを演じました」とも述べており、共演者がウクライナ人劇団であることを理解していた[9]。また翌年3月出版された『写真通信』にも「12月21日島港プーシキン座で興行中の露国小露西亜劇と合同して」という説明書きとともに、出演者の集合写真が掲載されている。露国の記載はあるものの小露西亜すなわちウクライナ人劇団であることが記載されているが、具体的な名前などは記載されていない[10]。

　1916年5月6日の朝日新聞には、ウラジオストク特派員発として「露国劇団来る　かつて松井須磨子一座とプーシキン座に於いて合併演劇を為せし小露西亜俳優団は団長カルメリューク氏他男女一行45名は近日浦潮出発来朝すべし」との記事を掲載している。このことから松井須磨子と共演したのは、カルメリューク・カメンスキー・コンスタンティン・レオンティエヴィチとその一座であったことが分かる。

　カルメリューク・カメンスキー（以下カメンスキー、1858年～1932年）はウクライナ人で、ロシア極東の舞台監督兼俳優であり、キーウ（キエフ）の劇場で芸能活動を始めた。1904年にウクライナ人劇団を設立、1906年から1908年にかけてはコーカサスとトルキスタン、1912年からはシベリア、ロシア極東地域、中国を巡業した。1917年にはハバロフスクのウクライナ人フロマーダの組織委員、1920年3月18日ウラジオストクのウクライナ・フロマーダの委員に選出されている。1926年に劇団を解散した後も舞台活動を続けハルビンと上海での公演を行った[11]。

　図1-2の『写真通信』の画像からは、カメンスキー劇団の女性団員がウクライナの民族衣装ヴィシヴァンカと髪飾りのヴィノクを着けているのが分かる。また男性団員も正面の刺繍が左右対称である男性用ヴィシヴァンカを着用している。カメンスキーは、1915年12月、ウラジオストクのプーシキン劇場を訪れた松井須磨子らと共演したことをきっかけに翌1916年に来日して日本のツアー公演を行うこととなった。次節では、その彼らの足跡を辿りたい。

図1-2 松井須磨子・芸術座とカメンスキー劇団のプーシキン劇場での集合写真

【出典】『写真通信』1916年3月号、20頁。中央で握手をする人物がカメンスキーと島村抱月。カメンスキーの右隣が妻ジルカ・カメンスカヤ、その隣が松井須磨子と思われる。

3　カルメリューク・カメンスキーのウクライナ人劇団の日本巡業

（1）　来日・神戸公演

　スヴィットによれば、カメンスキー劇団は神戸に到着し、東京、横浜、鎌倉の順に巡業し、その後、上海のフランス租界での公演を経て、ウラジオストクに戻った[12]。**表1-1**に史料から裏付けられたカメンスキー劇団の日本巡業日程と演目を一覧にした。

　カメンスキー劇団が神戸に到着したと思われるのは5月22日前後である。23日の『神戸新聞』には「露国劇団　予て噂の登れる露国劇団四十余名の大一座」と書かれており、その期待の大きさが窺える。公演場所は当時「西の帝劇」と称された聚楽館である。

　5月23日に『神戸又新日報』、『神戸新聞』に掲載された広告によれば、24日から5日間開演予定であった。この公演は**図1-3**のように「クラブ美の素白粉」とタイアップしており、一等席、二等席の観客には同社製品が「お土産進呈」された。この公演では、7演目を上演予定であった。オーケストラの君が代演奏に始まり、オペラ、オペレッタ、戯曲、古典劇、コメディー、舞踊と非常に盛りだくさんな内容であったことが分かる。オペラ、オペレッタの内容は触れられていないが、戯曲「恋の呪い」が大きな文字で記されていることが分かる。また26日の神戸又新日報にはそのあらすじが以下のように書かれている。

図1-3　カメンスキー劇団日本公演の最初の新聞広告

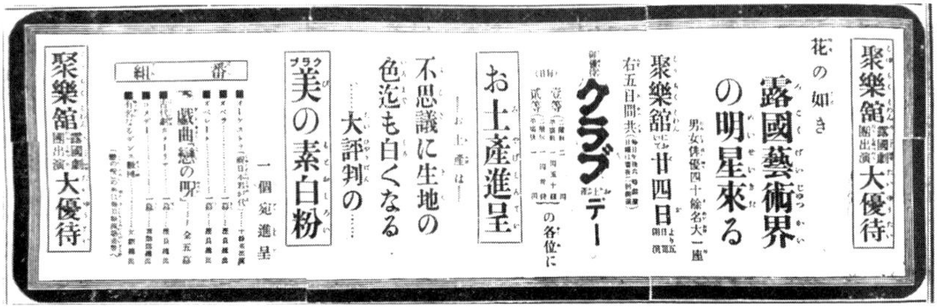

【出典】『神戸又新日報』1916年5月23日。

「恋の呪い」は小露西亜ドナウ河の片岬、勇猛を持って世に知られたコサックの優しき恋のロマンスを仕組んだもので、女の心に浮かぶツイした弾みのはかない悪戯分子が恋の破綻を招き、男はさらに他の女に走って新しい愛をもとめる

　全体から見れば深刻でもなければ複雑でもないので、言語が通ぜずとも事件の進展は容易に了解することができる[13]

表1-1　カメンスキー劇団の公演と演目

日　時	場　　所	演　　目
5月24〜28日	神戸公演：聚楽館	(1)オーケストラ「祝日本君が代」十余名総出 (2)オーケストラ　1幕　座員総出 (3)滑稽歌舞伎『ドナウ河畔のコサック』全3幕 (4)戯曲樽中の悪魔　1幕　座員総出 (5)水平ダンス　1幕　男優出演 (6)有名なる独唱数種　女優総出
5月29〜30日	神戸追加公演：聚楽館	上記に追加：トルストイ原作　悲劇『復活』全3幕（「例のカチューシャの唄は我国の立符を用います」の但し書き）
6月15〜19日	東京公演：本郷座	(1)祝日本君が代 (2)オーケストラ (3)オペラ（演目不明）　1幕 (4)オペレッタ　1幕 (5)戯曲　『恋の呪』5場 (6)古代劇　カメリヤー　1幕 (7)復活（カチューシャ）　3場 (8)舞踊　数番
6月20〜23日		演目差替でトラブル、休演
6月25日 〜7月3日	浅草キリン館	演目不明
7月18日	横浜公演：横浜市公園	日露協約祝賀会での公演：演目不明

【出典】『神戸新聞』『神戸又新日報』『朝日新聞』『読売新聞』『横浜毎日新聞』の記事より作成。

小露西亜と書かれていることから、カメンスキー劇団がウクライナをモチーフにした作品を上演していることが、観客にある程度理解されていたことが分かる。23日の神戸又新日報には、2名の女性団員がウクライナの民族衣装ヴィシヴァンカと伝統的な髪飾りヴィノクを着用している写真も掲載されている（図1-4）[14]。また同日の神戸新聞には「聚楽館出演の露国俳優　女座長セルカ・カメンスキー」（著者注：カメンスキーの妻ジルカ・カメンスカヤ[15]）との説明でヴィシヴァンカを着た女性の写真も掲載されている（図1-5）[16]。

　28日には「露国劇団の新狂言は好評　本日限り打ち上げ」と書かれているので神戸での公演最終日だったことが分かる。新聞広告からは、29日と30日の2日間にわたり追加公演が行われたことが分かる[17]。図1-6のように「新しき番組」が追加され、滑稽歌舞伎（オペレッタ）『ドナウ河畔のコサック』全2幕とレフ・トルストイ原作『復活』全3幕が新たに加えられた。前者は19世紀のウクライナ人作曲家セメン・グラク・アルテモフスキーの作品であり[18]、後者は「例のカチューシャの唄は我が国の立符を用います」と但し書きされている。日

図1-4　ヴィシヴァンカ姿のカメンスキー劇団員

【出典】『神戸又新日報』1916年5月23日、6面。

図1-5　ジルカ・カメンスカヤ

【出典】『神戸新聞』1916年5月23日、6面。

図1-6　「新しき番組」

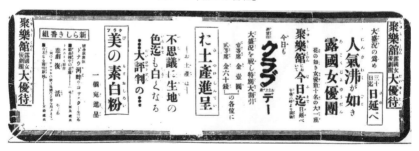

【出典】『神戸新聞』1916年5月30日、6面。

本の流行歌第一号とも言われる「カチューシャの唄」は島村抱月・相馬御風が作詞、中山晋平が作曲を担当し、芸術座による『復活』の劇中歌として松井須磨子が歌った[19]。この日本の流行歌をカメンスキー劇団員が歌ったのである。

　当時、カメンスキーの舞台を観た日本人はどのような感想を持ったのだろうか。原語による演劇の公演にも拘わらず観客の反応は良く、高い評価を得た。

　　　近年稀なる外国ものとて初日より大入満員の大盛況を呈し演物中戯曲恋
　　の呪は大喝采を博せり[20]

　　　昨二日目も満員御礼の盛況なりしが何れも表情タップリにてかの国の風
　　俗も判り見物は大満足なり殊に外国人の団体見物も多く盛況なり[21]

　また、5月26日の神戸又新日報には評が掲載されている。

　　　昨年芸術座の一行が浦潮へ航った時此劇団と一座したそうだから……旅
　　から旅へ宛ら太古の民の水草をおふて移り流れるやうなジプシーの誤魔化
　　しものでないやうだ
　　　登場女優の服装は総て感じの強烈な真紅、濃紫などの色から成り立って
　　居て　ピカピカ光る金属が数知れず鏤められて居る、いろいろの大きな花
　　が冠のように頭髪を覆ひ地に届くような長いリボンが幾條か背後に垂れて
　　居るなど其綺麗美やかな事は盛装の志那婦人を見るやうで蒙古や韃靼族が
　　其昔露西亜を席捲した当時の遺風ではないかと思はれる程それ等の種族に
　　近い美事な装いであった[22]

　衣装についても絶賛するとともに、数本の長いリボンが付いた典型的なヴィノクとヴィシヴァンカの特徴を捉えている。露西亜と書かれているものの、そこからは日本人がウクライナ文化と強烈な出会いが神戸であったことが窺える。

（2）東京・横浜公演

　5月6日の朝日新聞の予告記事に続き、6月7日の朝日新聞には、東京公演の予告記事が出ている[23]。カメンスキー劇団の公演場所は本郷区春樹町の本郷座であった[24]。公演内容は日本国歌演奏など基本的にくわえて神戸公演でも評判の高かった「恋の呪い」と「復活」の2本立ての演目が定着した。前者のあらすじについては神戸公演よりも詳細な説明がなされている。

　　　殊に呼物となっているコサックの恋を仕組んだ戯曲「恋の呪い」で、ハマーとふせむしのコサック人が、マルシアといふ美人を恋して拒絶せられた腹いせにいろいろと奸策を弄して、マルシアが日ごろより恋してるグルウィッチという青年との仲を割き、夫れがためマルシアは発狂し遂に恋人を毒殺する、其処へハマーが来会して悔悟して己も亦死する[25]

　この記事からは、上演された『恋の呪い』は、17世紀のポルタヴァの女流詩人で「ウクライナのサッフォー」とも称されるマルーシャ・チュラーイを巡るフルィーツィ・ボブレンコとイヴァン・イースクラとの三角関係について描いたあらすじであったことが窺える[26]。チュラーイをモチーフとする歌劇団・戯曲はいくつかあるが、新聞各紙の広告には「5場」と書かれている。このため、上演された作品はウクライナ人作詞家ミハイロ・スタリツキーによって1890年に書かれた戯曲「ああ、行かないで、フルィーツィ、ましてや夜に（Ой не ходи, Грицю, та на вечорниці）」であったことが分かる[27]。スタリツキーは、ウクライナ民族主義的傾向であった作曲家ミコラ・リセンコ（ルイセンコ）の歌劇『タラス・ブーリバ』の台本を書いたことで知られている[28]。松井須磨子と芸術座を通じて日本で人気が高かった『復活』のほかは、ほぼウクライナ舞踊、歌劇、戯曲で占められていたのである。また、アルテモフスキーの『ドナウ河畔のコサック』はウクライナ語版しか存在せず、原語上演されたと考えられる。

　東京公演初日は6月15日で18時開演、平日は1日1公演、日曜日は2公演が行われ[29]、公演期間は10日間であった[30]。

　一方、帝劇では、6月16日から18日にかけて、日本初の本格的なバレエ公演として歴史に残るマリンスキー劇場エレーナ・スミルノワとボリス・ロマノフ

夫妻による公演が行われていた[31]。『朝日新聞』6月17日の記事は「帝劇と本郷」との題でスミルノワの歴史的公演とカメンスキー劇団を並べて評論している。

　　帝劇と本郷座へ一時に露国の俳優遣って来た帝劇のは露国帝室所属劇場マリンスキー座附きのスミルノワ女史一行で僅々五名だが舞踊は所謂本筋のもので曲目の一部二部を通じ孰れも結構であったが殊に第一部の五「瀕死の白鳥」に感服させられた、本郷座に乗込んだは昨年浦潮斯徳で松井須磨子が一座したカメンスキー俳優団　男女四十五名といふ大掛かりの一派で戯曲「恋の呪」5場の他にカメリアやカチューシャを上場し前受け専門に務めている

　入場料はスミルノワの公演は、特等3円、一等2円50銭、二等1円50銭、三等75銭、四等40銭、一方、カメンスキー劇団は、特等2円、一等1円50銭、二等1円20銭、三等80銭、四等50銭、五等20銭と、後者のほうが安く設定され、一般市民にも手の届きやすい価格であったと思われる。
　スミルノワの公演については観覧した与謝野晶子が「その滞在の短い割に日本人を刺戟する所が多かった」との感想を残し芸術性の高さが窺える[32]。しかし、初めて本格的なバレエ公演を観る一般の日本人にはあまり理解されなかったようで、「吾人が露国舞台に期待する面白みを感じることはできなかった」と評された[33]。一方、カメンスキー劇団は「前受け専門」、つまり大衆受けに徹したエンターテインメントであり、新聞各紙は連日満員であったことを伝えている。
　スミルノワ一行は、第4次日露協約に向けた文化交流として来日した[34]。カメンスキー劇団はどのような立場で来日したのであろうか。各紙の広告の中には以下の記載がある。

　露西亜俳優団長　コンスタンチン、レオンチェウイチ、カルメリューク、カメンスキー氏
　　右昨年来浦潮斯徳プーシキン座に於て興行の今般日本各地を観光傍興行目的を以て男女優団一行四十五名を引率し本邦に赴くにつき同一行の節は

相応の便宜を供興せらんことを各地有志に希望す

　　大正五年五月四日

　　　　在浦潮　日本帝国総領事館㊞

「観光傍興行目的」と書かれており、少なくとも日露協約に関係した公式訪問ではなかったことが分かる。一方、前年の松井須磨子とのウラジオストク公演の影響もあってか日本総領事館からの書簡を携えての来日であった。

　6月15日より始まった公演であるが、23日には「座方と俳優団との間に不折合を生じたる為め休場」した[35]。25日からは浅草のキリン館で公演が始まった。広告によれば10日間の公演であった。浅草公演の広告は、「本場カチューシャ」を主題にすえ「カメンスキー露国美人団45名公園に現る」と、神戸や本郷座の公演に比べて、一般受けしそうな内容である。チケットの最低価格も15銭とそれまでの公演よりも価格が低く設定された。

　さて、スヴィットの著書や『スヴォボーダ』紙で、図1-1の「日本におけるウクライナ人俳優」と題した写真が掲載されているが、そこに写る人物や撮影場所については書かれていない。1916年7月19日『朝日新聞』には「横浜の協約祝賀会」との記事があり、図1-1と同じ人物が写った別角度から撮影された写真が掲載されている[36]。そのため、この写真がカメンスキー劇団の横浜公演で撮影されたことが分かる（図1-7）。ではこの写真に写り込む人物は誰であったのだろうか。第4次日露協約締結を祝うこの行事には、「大隈首相、クルペンスキー露国大使を始め石井（著者注：外相）、一木（著者注：内相）、加藤（著者注：海相）、箕浦（著者注：逓信相）各閣員」が出席したが、その中の一人が横浜市長安藤謙介であった。ペテルブルグ公使館勤務の傍らペテルブルグ大学で学び、法学部で日本語と書道を教えスタニスラフ二等勲章を授与されている[37]。記事には「芸妓露国舞踊団カルメンスキー一座のダンスその他種々の余興」があったと記されている。朝日新聞の写真の説明に「横浜市長」とあるため、左から2人目は安藤であることは確定、一人置いたウクライナ女性は衣装のデザインが『神戸新聞』の写真と一致するため、カメンスキーの妻ジルカ・カメンスカヤと推定される。

　6月から7月にかけての『横浜毎日新聞』には、神戸・東京で見られたよう

図1-7　日露協約祝賀会におけるカメンスキー劇団

【出典】『朝日新聞』1916年7月19日、朝刊5面。

な公演の広告は掲載されていない。そのため横浜での公演は祝賀会の余興とし
てこの一回のみであったと思われる。5月下旬に神戸に到着したカメンスキー
劇団の日本での公式な記録はここで止まり、次の巡業地上海へ向かったのであ
る。

4　むすび

　本章では、これまで知られていなかった松井須磨子のウラジオストク公演の
共演相手がカルメリューク・カメンスキー・コンスタンティン・レオンティエ
ヴィチとその劇団であったことと日本巡業の詳細を明らかにした。
　カメンスキーは松井須磨子らとの共演をきっかけに、翌年来日することにな
った。同じ年にエレーナ・スミルノワによる日本初の本格的なバレエ公演も行
われたが、5名による僅か3日間の公演であったので、多くの一般市民がロシ

ア文化に触れることはできなかった。一方、カメンスキー劇団は5月下旬から7月下旬まで西から東日本にかけて巡業を行い、連日満員となる盛況ぶりであった。

　カメンスキー劇団はウクライナの民族衣装ヴィシヴァンカを着てウクライナ民謡・舞踊を日本で初めて演じた。広告・記事ともに「小露西亜劇団」との記載があることから、興行主にも、観客にもある程度、ウクライナの民族歌舞団だったことが理解されていたと考えられる。また、ヴィノクへの詳細な言及があることからも、初めて観るウクライナの伝統文化が、当時の日本人に強烈な印象を与えたことが分かった。

　演目の大半はウクライナ舞踊や音楽であり、オペラや戯曲の上演もウクライナ語で行われた可能性が極めて高い。原語での上演のため観客が理解するには難易度が高いが、作品選びの結果、観客の受けも非常に良かった。

　日本初の本格バレエ公演であったスミルノワの短期の来日については在京ロシア大使館で100周年記念式典が開かれるなど広く知られているが[38]、同時期に2か月もの長期にわたり日本各地を巡業し大盛況であったカメンスキー劇団の公演についてはまったく知られておらず、これまで注目もされてこなかった。この巡業が、多くの日本人にとってウクライナ文化と初めての出会いとなったのは間違いない。

注

（1）　Накай К. Україна і Японія. Дещо про відносини між обома країнами та про украïно-знавство в Японії / Кадзуо Накай // Українська Орієнталістика. – Київ, 2007–2008. – Вип. 2 –3. – С. 137–141.

（2）　宮沢賢治「曠原淑女」『新校本宮沢賢治全集』第3巻、詩Ⅱ、校異編、1997年、145頁。賢治がなぜ岩手の2人の農婦を「ウクライナの舞手」に例えたのかはよく分かっていない。それについては、以下が詳しい。恩田逸夫「賢治の詩「曠原淑女」の鑑賞」『宮沢賢治論2 詩研究』東京書籍、1981年、236〜249頁。杉浦静『宮沢賢治：明滅する春と修羅——心象スケッチという通路』蒼丘書林、1993年、144〜157頁。宮沢賢治学会イーハトーブセンター編『『春と修羅』第二集　研究』思潮社、1998年、25〜26頁、141頁、151〜153頁。

（3）　Світ І. Українсько-японські взаємини 1903–1945 : Історичний огляд і спостереження / Іван Світ. – Нью-Йорк : Українське історичне товариство, 1972. – Мемуаристика, Ч. 3.

（4）　«Маньчжурський вісник» (Manchurian Herald)。発行期間1932年8月5日号（1

号）～1937年 8 月 8 日号（200号）、週刊、発行部数1500部。ウクライナ語が中心で
ロシア語、英語の記事も掲載された。詳しくは本書の第 4 章。

(5) Світ I. Українсько-японські взаємини 1903–1945... – С. 24.

(6) Там само... – С. 55.

(7) Світ I. Український театр а Азії / Іван Світ // Свобода. – Джерсі ситі, 1953. – 28 серп-
ня. – Ч. 182. – С. 3 –4.

(8) 一例として、秋田雨雀・仲木貞一『恋の哀史須磨子の一生：伝記・松井須磨子』
大空社、1999年（初版1919年）、長谷川時雨「松井須磨子」『新編　近代美人伝（上）』
岩波文庫、1985年（初版1936年）、川村花菱『松井須磨子──芸術座盛衰記』青蛙
房、2006年（初版1968年）、渡辺淳一『女優』集英社文庫、1983年など。

(9) 「旅興行から須磨子帰る　西比利亜はもう雪」『読売新聞』1915年12月29日、朝刊
4 面。

(10) 大正通信社『教育資料：写真通信』1916年 3 月号、大正通信社、1916年、20頁。

(11) Чорномаз В. Зелений Клин (Український Далекий Схід) / В'ячеслав Чорномаз. – Вла-
дивосток : Видавництво Далекосхідного федерального університету, 2011. – С.105.

(12) Світ I. Український театр а Азії... – С. 3.

(13) 『神戸又新日報』1916年年 5 月26日、 6 面。

(14) 『神戸又新日報』1916年年 5 月23日、 6 面。

(15) Чорномаз В. Зелений Клин (Український Далекий Схід) / В'ячеслав Чорномаз. – Вла-
дивосток : Видавництво Далекосхідного федерального університету, 2011. – 98 c.

(16) 『神戸新聞』1916年 5 月23日、 6 面。

(17) 『神戸新聞』1916年 5 月29日、 5 面。

(18) Гулак-Артемовський Семен // Українська мала енциклопедія : 16 кн. : у 8 т. / проф. Є.
Онацький. – Накладом Адміністратури УАПЦ в Аргентині. – Буенос-Айрес, 1958. – Т.
1, кн. II : Літери В – Г. – С. 286–287.　ウクライナ人作曲家による初めてのウクライナ
語オペラである。

(19) 『カチューシャの唄』については以下が詳しい。永嶺重敏『流行歌の誕生──「カ
チューシャの唄」とその時代』吉川弘文館、2010年。

(20) 『神戸新聞』1916年 5 月25日、 6 面。

(21) 『神戸新聞』1916年 5 月26日、 6 面。

(22) 『神戸又新日報』1916年 5 月26日、 6 面。

(23) 『朝日新聞』1916年 6 月 7 日、朝刊 7 面。

(24) 『朝日新聞』1916年 6 月13日、朝刊 4 面。

(25) 『読売新聞』1916年 6 月17日、朝刊 5 面。

(26) チューライについては、イホール・ダツェンコ「ウクライナ文化揺籃の地となっ
た北東部」服部倫卓・原田義也編『ウクライナを知るための65章』明石書店、2018
年、55頁参照。

(27) Старицький, М. П. Ой не ходи, Грицю, та на вечорниці [драма із давніх часів, нар., з
музикою, співами і танцями в 5-х діях] / М. П. Старицький [Електронний ресурс]. – Ре-
жим доступу : URL: https://elib.nlu.org.ua/object.html?id=9919 　（最終閲覧日：2020

年1月25日）。

（28） 'Strytsky, Mykhailo', Internet Encyclopedia of Ukraine, Canadian Institutye of Ukrainian Studies, URL: http://www.encyclopediaofukraine.com/display.asp?linkpath=pages%5CS%5 CT%5CStarytskyMykhailo.htm# （最終閲覧日：2020年1月27日）。なお、日本語文献でリセンコについての言及は稀であるが、伊東一郎「ロシアにとってのウクライナ」、服部・原田編『ウクライナを知るための65章』、89頁も参照した。

（29） 『朝日新聞』1916年6月13日、朝刊7面。

（30） 『朝日新聞』1916年6月9日、朝刊7面。

（31） 平野恵美子「ロシア革命と日本におけるバレエの受容：亡命ロシア人がもたらしたもの」、『SLAVISTIKA（東京大学大学院人文社会系研究科スラヴ語スラヴ文学研究室年報）』33・34号、35～50頁。

（32） 与謝野晶子「砂の塔　その折りゝの感想」、『女学世界』1916年8月号、博文館、23頁。

（33） 『朝日新聞』1916年6月18日、朝刊7面。

（34） 「日露バレエ交流──1916年帝劇で上演された日本初のバレエ公演」『国際演劇年鑑2017──世界の舞台芸術を知る』、公益社団法人国際演劇協会日本センター、2017年、188頁。

（35） 『朝日新聞』1916年6月23日、朝刊7面。

（36） 『朝日新聞』1916年7月19日、朝刊5面。

（37） 沢田和彦「I.A.ゴンチャローフと二人の日本人」『スラヴ研究』45号、89頁。

（38） 「ロシア名門劇場、初来日100周年記念展　昨年末、関連資料公開」『毎日新聞』2017年1月10日。

第2章　日本人の目から見たホロドモール

1　はじめに

　近年1930年代前半のウクライナ飢饉、いわゆるホロドモールを描いた作品の公開が続いている。2016年にカナダ・イギリス合作の映画『悲痛な収穫』に続き、2019年にはウクライナで生じていた飢饉の真実を取材しようとソ連に向かったウェールズの記者ガレス・ジョーンズを描いた『真実の値段』（ポーランド・イギリス・ウクライナ合作）が公開された[1]。同作はイェール大学の中東欧史・ホロコースト史などで知られるティモシー・スナイダーをコンサルタントとして迎えている[2]。

　ホロドモールをめぐる宇露間のこれまでの歴史論争や後世の歴史家の議論については、本章の主題ではないが、簡潔にまとめておきたい。1932～1933年のウクライナ飢饉は、飢饉を意味する「ホロド」と疫病を表す「モール」を合わせて、「ホロドモール」と現在では呼ばれている[3]。ソ連における農業の集団化、クラーク（富農）撲滅、穀物の強制的徴発にくわえて、第一次五カ年計画を成功と宣伝するため、飢饉を認めることができなかった[4]。犠牲者の数は研究者や統計によって見方が分かれるが、近年の研究ではウクライナにおいては400万人前後との見解が多い。

　ウクライナで大飢饉が起こっていたことは、外国人記者らによって目撃されていた。ガレス・ジョーンズ[5]にくわえて、一時行動をともにしたカナダ人記者のレア・クライマン[6]、『マンチェスターガーディアン』紙のイギリス人記者であったマルコム・マゲリッジ[7]らによってその惨状が伝えられていた[8]。

　ハルキウ（ハリコフ）で働いていたオーストリア人の化学技術者アレクサンダー・ウィーネンベルガーによって撮影され出版された写真集は、ウクライナ飢饉の実状を写した貴重な史料として現在でも使用されている[9]。また、その惨状はハルキウに駐在したイタリア領事セルジオ・グラデニゴの公電にも詳述されている[10]。

ウクライナ最高会議（国会）は2003年5月の決議と2006年11月に採択した法案「ウクライナにおける1932〜1933年のホロドモールについて」で、この飢饉を「ウクライナ人に対するジェノサイド」と認定し、欧米や南米の15か国の議会が同種の決議を採択した。一方、ロシアでは2008年4月、国家院（下院）で、「ソ連国内の1932〜1933年飢饉の犠牲者追悼」に関する決議が採択され、ソ連国内の諸民族を犠牲者とする見解が示された[11]。

　日本のソ連やロシア史研究者の多くは、ウクライナ飢饉をロシア南部、ウラル、ボルガ、カザフスタンなどの飢饉と合わせて「ロシア・ソ連の飢饉」と捉える傾向がある。また、現在のロシアの公式見解である「ウクライナ人に対するジェノサイドではない」との立場に近い例も見られる[12]。

　本章では、これらの歴史的背景や議論を意識しつつ、そのウクライナ飢饉、いわゆるホロドモールを、1930年代の日本人がどの程度、状況を把握し、どのように捉えていたかを見てみたい。本章で用いる主な史料は1930年代に日本で刊行された出版物と、雑誌『思想国防』に掲載された座談会の記事と[13]、それを基に出版された正兼菊太の著作『ロシヤ潜行六ヵ年』である[14]。

　次節では、まず1930年代の新聞や書籍などを中心に、ウクライナ飢饉が日本でどのように伝わっていたのかを見てゆきたい。

2　1930年代の日本におけるウクライナ飢饉の理解

　日本の新聞で、ウクライナにおける飢餓状態の存在が報じられたのは国際連盟のロシア難民高等弁務官（High Commissioner for Russian Refugees）であったフリチョフ・ナンセンに関連する1922年7月の記事である[15]。

　　　人肉を貪り喰う饉民の群

　　　今では官憲も見て見ぬ振り

　　　──飢えたる小露の此の頃──

　　【ゼネヴァ十七日ロイテル発】国際連盟の依嘱を受けて露国飢饉救済に従

　　　事する諾威（著者注：ノルウェー）のナンゼン博士が先にウクライナ地方へ

　　　派遣した一経済専門家は今回当地に到着してナンゼン博士に其の報告を提

出した　此の報告に依ると小露のキエフ、カルコフ、オデッサは驚くべき悲惨な状態にあって是等の都市は何れも飢餓民を以て満たされている　饉民は鉄道停車場に雲集して居るが市の財政が空乏の為め一塊の食物にもあり付けず餓死者は日々多数に上り而も死体の上に鼠や餓民の為め半ば喰ひとられたるものもある　オデッサとポルタワ間の家を棄てて放浪の旅に上り若干の都市では既に住民の八割五分が居なくなった人肉を喰う事は最早通常の事となり官憲も人肉を喰う者の処罰を中止した程である[16]

また、1936年には、読売新聞には以下の記事が掲載されている。

> 農民暴動頻発
> ウクライナ地方不穏
> 【オデッサ二十四日発同盟】ソヴェート新聞紙の報道によればウクライナ地方に食料不足に原因とする農民暴動諸々に頻発自体憂慮されている、ポルタワでは鎮圧に向かった軍隊と農民某ととの衝突により死者二十三名傷者五十余名を出した　イスユム、コノトブ地方でも同様暴動が起り軍隊が出動した、食料飢饉の原因は軍隊が農民の貯蔵食料を全部没収し彼らは食するに一物も残さない状態になったためといはれている[17]

一方、1931年から32年にかけてのウクライナ飢饉については管見のかぎり日本の新聞には記事がまったく存在しない[18]。当時の出版物にはいくつか記述がある。例えば、日蒙協会を前身とし内蒙古での文化工作を目的に軍部や財界の支援を受け設立された善隣協会[19]の調査部長であった吉村忠三が1934年に出版した『日露の現在及将来』の「ウクライナの飢饉」と題された章である[20]。ウクライナの飢饉の原因については「新経済政策の成功の後を受けて、スターリンが1928年–29年度に5年計画を実施して、再び農村に左傾政策を強行した結果である」としている[21]。犠牲者の数は「ソウェート政府より何等の発表もなき故確実なる数を断言することは出来ないが、ウォルガ飢饉と大差なく、一千万にも及ぶと云われている」とし、これも現在行われている議論での最大値に近い。くわえて、飢餓輸出が行われていた事実についても、データを交えて説明

されている。

　　スターリンは、外貨蒐集のために、人道を無視して五年計画の第一年目
（一九二八年―二九年）に九万八千頓の穀物を圏外に出し、第二年目（一九二九
年―三〇年）には二百二六万八千頓を輸出した。特に第二年目の輸出金額は
三億九千三百万頓留で所以は、新経済政策時代に貯蓄された剰余穀物を強
制的に挑発したからである。これが為めに第三年目（一九三〇年―三一年）
には剰余穀物を全部失ひ、其上旱魃によって収穫を失ひ、国内を飢餓状態
に陥れたのである。この故にソウェート政府が大成功裡に第一次五年計画
を終えたと宣伝しているに拘わらず、外国電報にはロシヤの大飢餓を伝へ、
又ロシヤの穀物輸入の情報も伝えている。[22]

　以上のように頻繁ではないにしても継続的にウクライナで飢餓状態が発生し
ていることが日本の言論界でも紹介されていたのである。

3　正兼菊太の証言

　断続的にウクライナで飢饉が発生している報道がある一方、実際に1932年前
後にウクライナに行き、飢饉を目撃したと主張する者がいた。「前共産党幹部」
であった正兼菊太である。

　正兼はどのような人物であったのだろうか。雑誌『思想国防』に連載された
正兼の座談会の記事を基に出版された『ロシヤ潜行六カ年』の編集後記には、
正兼の経歴について以下のように記されている。

　　同氏は共産党の幹部として党の枢機に参加して居りましたが、もともと
日本のために敵の機密を探る目的でありましたので、最後に浦塩の要塞に
潜行して居る中で捕縛され、暫らく強制労働に服して銃殺を覚悟して居ま
した。然るに二人の兵士が来て出て来いと云うことであった。やがて外に
一人の士官が待って居て自分を船に乗せるのであった。是はいよいよ銃殺
して海に投げ込まれるのだと思ったら、意外にも日本の便船に乗り込ませ

た。そこで初めて自分の追放されたことを知った。[23]

　この経歴については他の史料から裏付けられる。外務省が作成した資料「蘇聯ノ対日赤化工作其他」によれば、正兼は、もともとは船員（2等機関士）であり、1929年にサカレン（サハリン）からソ連に渡った。1934年時点で32歳、浦潮日本革命者団の一員であり、軍需工場に勤務し、ソ連共産党の所属であった。またウラジオストクにてスパイ容疑で入獄していた。

　　一九二九年樺太「ソ」日国境ヲ徒歩ニテ入「ソ」後同志トシテ「ソ」聯側ヨリ待遇サレ各地ニ於テ赤色工作ニ従事シ居タルガ反「ソ」害悪分子ト共謀反蘇運動ニ関係シタル嫌疑及日本ノ軍事及経済探偵ノ嫌疑（各種材料ヲ浦汐領事館安木書記生ニ提供シタル件ガ「ゲ・ペ・ウ」ニ知レタルニ起因ス）ニテ「ゲペウ」ノ監視厳シキヨリ身ノ危険ヲ感ジ昨年十二月満「ソ」国境ヨリ満領ヘ逃走セムトセル際「ラズトリノエ」駅ニテ逮捕投獄セラレタル者、本年九月十四日海軍々法会議ニテ十年ノ強制労働刑ヲ言渡サレタリ[24]

　この1934年の公文書と1936年の正兼の著作の内容はほぼ一致している。正兼が著書を記した1936年時点で公文書を見ることができたとは考えにくいので、その中にある経歴はほぼ正確であると考えられる。『思想国防』の連載第一回のみ、「鈴木正蔵氏に物をきく会」となっているが偽名であり、公文書にある正兼菊太が本名であったことが分かる[25]。

　その後、正兼の足跡は一度途絶えるが、再び姿を現すのは1944年であり、『防諜の生態』という著書を記している。著書の構成は第一章「日本民族の立場と防諜の意義」、第二章「智能戦に於ける防諜と攻撃」、第三章「防諜対策」で、各節は「スパイの目的と行動」や「敵性諸国は如何にしてスパイ要員を獲得するか」といった諜報員の活動に関する内容である。

　この著作の序文は陸軍中将で当時東京市会議長の中岡弥高、貴族院議員・男爵の井田磐楠、東京控訴院検事の佐野茂樹らによって書かれている。この中で佐野の序には、「現地の劇務（ママ）の間に筆を取られたる」とある。政治犯を摘発する思想検事の中心的存在であった塩野季彦の側近として知られている佐野は[26]、

「北京駐在」とも記しているため、現地とは中国であったことが分かる[27]。そのため、この著作が出版された1944年前後に、正兼が中国在住であったと考えられる。中国の研究によれば、正兼は北京の仏教団体であった彌勒会総会の顧問を務めた特務機関員とされている[28]。また終戦後、小野打寛陸軍少将[29]をアメリカ軍の戦略事務局（OSS）が尋問した記録では、正兼は小野打の指揮下の工作員で1933年12月にソ連の統合国家政治局（ОГПУ）によって逮捕、1年後に政治犯交換で帰国、1935年10月より関東軍で働いたとされている[30]。

『防諜の生態』の中では、「某国」と記されているものはすべてロシアの事例である[31]。また『ロシヤ潜行六カ年』にも「日本のために敵の機密を探る目的でありました」と書かれていたため、もともとか、いずれかの時点から日本側の諜報員であった可能性が非常に高い。

座談会「正兼菊太氏に物をきく会」は大川周明が代表を務めた全亜細亜会[32]で行われ、『思想国防』1935年11月号から連載が始まった。座談会の出席者は早稲田大学教授でエクトール・マロの『家なき子』を翻訳する一方で「我国反共運動の理論的文化的指導者」と称された五来素川[33]、イワン・ゴンチャロフの『オズローモフ』などの翻訳をしたロシア文学者であったが国際反共連盟[34]からソ連の政治情勢に批判的な著作を出版していた山内封介[35]、善隣協会調査部長の吉村忠三、文芸評論家の斉藤貢[36]など6名であった[37]。座談会の内容は「ある学者がこれを読んで、従来ロシヤの内容に関して発表せられたる最も完全なる記録だと言っている」と称された[38]。

一方、座談会録、著作の内容のみでは、正兼がウクライナを実際に訪問したかは確定できない。なぜなら具体的な日付やウクライナの都市名などは記されていないからである。また、著書に掲載された写真は、ウクライナ飢饉を撮影したものとして流布されており、本人が撮影したものではない。ただ、正兼によれば、ウクライナ飢饉に興味を持ったのは、レニングラードに来た高齢のウクライナ人と出会い、話を聞いたことが契機であった。

　　　私が一九三二年レニングラードへ行った時、ハルコフからお婆さんがレ
　　ニングラードに度々南京袋を有ってパンを買ひに来たという事実があるの
　　です。

「若いお兄さんよ、俺あが居るハルコフは、レニングラードのこんな状態とは違ふのだ。本当にウクライナの話を聞かすから、お兄さんよ、聞いてやって呉れ。」

　「自分のところには孫が四人いる。それだのにハルコフではパンを呉れない。俺あは死んでも構はんが、孫が可哀想さうだ。」[39]

　正兼の証言内容には不明瞭な点はあるものの、彼がソ連に6年間居住し、1935年に日本でウクライナ飢饉に関する詳細な議論が識者の間で行われたのは事実である。そこで座談会を基にした著作の内容について見てみたい。

　座談会録である『ロシヤ潜行六カ年』の構成は第一章「サヴェートの女性を語る」、第二章「ロシヤ生活の表裏を語る」、第三章「ウクライナの飢饉を見る」、第四章「異民族問題」、第五章「社会施設について」、第六章「教育問題を語る」と当時のソ連におけるジェンダー論から異民族問題までと網羅的な内容である。また冒頭に掲載された写真はすべて飢饉で痩せ細る人々や子供であり、この著作の主題がウクライナ飢饉に重点を置いていることが窺える。

　第三章「ウクライナの飢饉を見る」は無題の部分、「農民は戦争を欲している」、「トラクターの話」、「極東のトラクターステーション」、「クラークも追払はれる」の節に分かれている。この第三章と『思想国防』1935年12月号に掲載された記事「ウクライナの饑饉地帯を潜行する」は同内容である。冒頭で正兼はウクライナ飢饉について以下のように述べている。

　　ウクライナの飢饉については私がウクライナに行って実状を自身で調べたのですがから申し上げますが、現地に行って見ると、実際犬も猫も鼠も生きたものは一疋も見当らないですね、みな食ひ尽されてしまひました。人間は農村にいる者は大部分年寄りです。[40]

　また、その発端は第一次五カ年計画達成のため、ソ連政府からの課された過大な収穫の割り当てと、食糧の欠乏による農民の都市への逃散が原因としている。

一九三二年にウクライナに割当てられた収穫率はその前年度プランより、余程多かったのです。何故なら「吾々は五箇年計画を四箇年で遂行しなければならない。それが為にはより大なるプランを遂行せねばならない」

　然るに一九三二年の実収穫は例年の80パーセントしかなかったのです。何故80パーセントしかなかったかといふと、食糧の欠乏の為に農村から働き手が都市に逃げてしまっている。麦の植附けは出来たけれども獲り入れが出来なかったのです。[41]

　1932年のウクライナ飢饉が凄惨な状態であったことは以下のように描写されている。

　一九三二年にはウクライナ地方では農民が道端で餓死して居たのです。政府では餓死して居る者は「レンテヤーイ」（怠け者）だといって放っておいたのです。[42]

　あの当時（一九三二年）、人間が人間を食うという浅間しい状態にまで陥ったのです。私は実際この眼で観たんです。私の泊った隣の家の親爺が自分の息子を食ったのです。私はその骨を観たんです。

　「子供に何にも食はせることも出来ない。その可哀さうな状態を見るに忍びないから殺したんだ。そしてあとの肉を食ったんだからそれは罪ではない」と言ふんです。[43]

　このような凄惨な状況下で、ウクライナを視察できたことについて正兼はどのように説明しているだろうか。「旅行中、貴方の食糧はどうなさいましたか」との問いかけへの答えは、正兼のソ連国内で待遇を考える上で興味深い。

　私は無論政府に優遇される地位にいたのですから、何所に行ってもノルマを頂きましたし、吾々の行く食堂を見ますと、それは肉もありますし、

白いパンもあります。吾々は兎に角別ですよ。吾々には実際を見せんのです。それで私は始終仲間と離れて、実際の状態を見たいといふので一人で入って行ったんです。[44]

最後に、正兼はウクライナ人の考えを以下のようにまとめている。

　　「儂らは戦争を欲して居る。早く戦争があって呉れればいい。さうしてこの政府を何とか潰して呉れればいい。さうすれば吾々は吾々の新しい世界を拵へる。今迄のロシヤが言ふようなコルホーズではなく、自分一人がコルホーズを拵える。家族を集めて自分の工場を拵える。政府がやらなくても自分等がやるから政府はどんなんでも構はん」[45]

　　彼等は私にはっきり言ふのです。ドイツはウクライナを食ひたがっている。日本はシベリアを欲しがって居るとスターリンが云ふが、実際早く食ってくれればいい、とさういう要求は、実際農民あたりが持って居るのですよ。[46]

　正兼が、1935年の時点でナチス・ドイツがウクライナを狙っていることや、第二次世界大戦初期に見られたドイツ軍を解放者として一部のウクライナ人が迎えた背景にあった心性を理解していたことが窺える。

4　むすび

　1920年代初頭にウクライナで飢餓状態が出現したことは、頻繁ではないものの日本のマスメディアで報じられたが、1930年代前半の飢饉についての報道はなかった。一方、1934年の吉村忠三の著作物では強制挑発による飢餓輸出が行われていた実態が紹介されていた。

　ソ連に居住していた正兼菊太がガレス・ジョーンズらのように実際にウクライナに赴いたのか確定はできない。それを確かめるにはウクライナ保安庁アーカイブの旧KGB史料などソ連側史料の調査を待たねばならない[47]。ただ、日本

側の公文書からは正兼が1929年から少なくとも5年ないし6年間ソ連に滞在し、各地を巡り、結果としてソ連側からスパイの嫌疑をかけられ投獄、その後、追放されたことが分かる。また、正兼が座談会で語った内容には、ウクライナで凄惨な飢饉が発生したことにくわえて、その原因についての言及があるほか、人肉食が行われたことなどが具体的に語られており、かなり正確に状況が把握されていたことが分かる。また、飢饉下のウクライナ人の心性についてもある程度理解していた。

　確実に言えることは、実際、ソ連に居住した経験のある人物が1930年代前半の飢饉をロシア南部やカザフスタンなど他のソ連の地域ではなく「ウクライナの飢饉を見る」との表題を付けていることである。現在まで1930年代前半にソ連で発生した飢饉を、ウクライナを中心とするものか、ソ連の各地で発生したものとするかの議論は、そのときどきの宇露の政治情勢から影響を受けている。また、それぞれの論者が研究対象とする国やその思想的背景がその主張に影響を与え、強いバイアスがかかっている感も否めない。本章の分析から、1934年から35年の時点で、飢饉の中心がウクライナであったと日本の識者に意識されていた事実は、現在のホロドモールに関する議論の進展に一助となると考えている。

注

（1）　英題『Mr. Johns』、邦題『赤い闇　スターリンの冷たい大地で』、アグニェシュカ・ホランド監督作品。

（2）　「ウクライナの人為的大飢饉を取材した外国人記者についての映画「真実の値段」予告編公開」UKRINFORM、2019年9月25日（URL: https://www.ukrinform.jp/rubric -society/2787176-ukurainano-ren-wei-de-da-ji-ewo-qu-caishita-wai-guo-ren-ji-zhenitsuite no-ying-hua-zhen-shino-zhi-duanyu-gao-bian-gong-kai.html　最終閲覧日：2020年3月20日）。

（3）　柳沢秀一「大飢饉『ホロドモール』──ウクライナを「慟哭の大地」と化した「悲しみの収穫」──」、『ウクライナを知るための65章』明石書店、163頁。

（4）　中井和夫「ソヴィエト時代のウクライナとバルト諸国」、伊東孝之、井内敏夫、中井和夫編『ポーランドウクライナバルト史』、山川出版、1998年、318～321頁。

（5）　ジョーンズについては以下の評伝を参照。Ray Gamache, Gareth Jones: Eyewitness to the Holodomor, Welsh Academic Press, 2013.

（6）　1904年ポーランド生まれ、両親はユダヤ人。クライマンについては『真実への飢

餓：レア・クライマン物語』（原題Hunger for Truth: The Rhea Clyman Story, Andrew Tkach監督作品、2018年公開）を参照。

(7)　のちにEvening StandardおよびThe Daily Telegraphの副編集長を経てエディンバラ大学総長を務めた。マザー・テレサの紹介者としても知られている。'Malcolm Muggeridge, Writer, Dies at 87', The New York Times, November 15, 1990, p. 19.

(8)　一方、スターリンを礼賛しピューリッツァー賞を得たNew York Times紙のウォルター・デュランティはジョーンズなどのウクライナ飢饉に関する報道を真っ向から否定する記事を書いた。現在では、デュランティの報道内容の信憑性は否定されており、ピューリッツァー賞剥奪について現在でも同賞を運営するコロンビア大学などで議論が続いている。デュランティについては、S. J. Taylor, Stalin's Apologist: Walter Duranty: The New York Times's Man in Moscow, Oxford University Press, USA 1990、近年の研究ではRay Gamache, 'Breaking Eggs for a Holodomor: Walter Duranty, the New York Times, and the Denigration of Gareth Jones', Journalism history 39(4):208–218, 2014などが詳しい。

(9)　Игорь ОСИПЧУК,«Рискуя попасть в застенки НКВД, мой прадед фотографировал жертв Голодомора»（«ФАКТЫ», 14 февраля 2018, URL: https://fakty.ua/258493-riskuya-popast-v-zastenki-nkvd-moj-praded-fotografiroval-zhertv-golodomora　最終閲覧日：2020年 3 月20日）。写真集については、ウィーネンベルガーの孫Samara Pearceによって以下で公開されている。（URL: https://samarajadea3bb.myportfolio.com/albium-3　最終閲覧日：2020年 3 月20日）。

(10)　これについてはアンドレア・グラツィオージらの詳細な研究がある。Листи з Харкова. Голод в Україні та на Північному Кавказі в повідомленнях італійських дипломатів. 1932–1933 роки / Італійський ін-т культури в Україні / Юрій Шаповал (наук.ред. укр.вид.), Андреа Граціозі (упорядкув.та вступ.ст.), Мар›яна Прокопович (пер.з італ.), Нікола Франко Баллоні (передм.). – Х. : Фоліо, 2007.

(11)　柳沢「大飢饉『ホロドモール』」166頁。

(12)　例えば下斗米伸夫「『空白』と『記憶』：ウクライナ飢饉と歴史認識」『国際問題』 1〜3 頁、2009年など。なお、ウクライナ国内外でも様々な見解や議論がある中でジェノサイドの意味合いが強い「ホロドモール」という語を使うのは最適とは言えないが、日本では用語自体が一般には知られていない現状を鑑みて、敢えて表題として用いた。

(13)　『思想国防』国防教育会、 1 巻 1 号（10月）〜 3 号（12月）、1935年、 2 巻 1 号（ 1 月）、1936年。

(14)　正兼菊太『ロシア潜行六カ年』国防教育会、1936年。

(15)　ナンセンは1922 年には、「戦争捕虜の復員、ロシア難民救済、ロシア飢饉救済、そして目下進行中の小アジアおよびトラキア地方の難民救済に対する貢献」によりノーベル平和賞が贈られ1923年には「難民高等弁務官（High Commissioner for Refugees）」と呼称されることとなった。羽生勇作「近代人道主義体制の萌芽と難民保護──クリミア戦争から国際聯盟まで──」『日本大学大学院総合社会情報研究科紀要』No.18、2017年、153頁。

(16) 『読売新聞』1922年 7 月19日、朝刊 2 面。

(17) 『読売新聞』1936年 8 月25日、朝刊 2 面。

(18) 「朝日新聞記事データベース 聞蔵II」、「読売新聞ヨミダス」、「毎日新聞記事データベース」で検索をした。検索した語句は「ウクライナ」、「小露」、「飢餓」、「飢饉」、「饉民」、「キエフ」、「オデッサ」、「ハリコフ」、「ハルコフ」。

(19) 澤井充生「日本の回教工作と清真寺の管理統制――蒙疆政権下の回民社会の事例から」、2014年、71頁。

(20) 別名吉村柳里、秋田県出身。明治42年正教神学校卒業、名古屋市立外国語学校教授、昭和 5 年満鉄嘱託、同 7 年名古屋高等商業学校教授、善隣協会調査部長となり、善隣高等商業学校教授を歴任。吉村忠三『ソ聯は日本に挑戦するか』日本講演通信社、1937年、 1 頁。

(21) 吉村忠三『日露の現在及将来』日本公論社、1934年、134頁。なお、1946年 3 月17日にGHQによって 7 万769冊の「宣伝的刊行物の没収」が指令されたが、それにより同書も没収、廃棄された。文部省社会教育局編『連合国軍総司令部から没収を命ぜられた宣伝用刊行物総目録』文部省社会教育局、1949年、309頁。

(22) 吉村『日露の現在及将来』136頁。

(23) 正兼『ロシヤ潜行六カ年』87頁。

(24) JACAR（アジア歴史資料センター）Ref. B02030943700（第28、32画像）「蘇聯ノ対日赤化工作其他／共産党宣伝関係雑件」1934年、（外務省外交史料館）。

(25) 「ロシヤ生活の表裏を語る（鈴木正蔵氏に物をきく会）」『思想国防』1935年11月号、211頁。日本の官憲資料である『思想月報』33号でも、「正兼菊太」として登場している。加藤哲郎『モスクワで粛清された日本人――30年代共産党と国崎定洞・山本懸蔵の悲劇』青木書店、1994年、233頁。

(26) 荻野富士夫『思想検事』岩波新書、2000年、35頁。

(27) 新聞紙面にも北京駐在と記載がある。「佐野指導官転任」『読売新聞』1940年 9 月8 日、朝刊 2 面。

(28) 陳静「破壊、高壓與反抗――淪陥時期北京文化界面面觀」『中國共產黨新聞網』（URL: http://cpc.people.com.cn/BIG5/64162/64172/85037/85041/6501218.html 最終閲覧日：2020年 3 月22日）。

(29) ハルビン特務機関勤務を経て1939年ラトビア公使館付武官、1945年 1 月には近衛第 1 師団参謀長などを歴任。鈴木亨編『帝国陸軍将軍総覧』秋田書店、1990年、475頁。西原征夫『全記録ハルビン特務機関：関東軍情報部の軌跡』毎日新聞社、1980年。

(30) Panagiotis Dimitrakis, The Secret War for China: Espionage, Revolution and the Rise of Mao, Bloomsbury Publishing, 2017, pp. 66–67.

(31) 例えば、「某国では敵側の諜報員をシュピオン（間諜）、セキソウト（密偵）というのに対して、自己の間諜はソトルーゾニック（共働者）、ラズウエチック（諜報員）と謂っている。」『防諜の生態』42頁。

(32) 1916年設立。全亜細亜会編『国際間における日本の孤立』、全亜細亜会、1917年参照。

（33）　本名は五来欣造。読売新聞主筆、国民新聞主席論説委員。ロシアファシスト党と連携した皇化連盟の代表も務めた。JACAR（アジア歴史資料センター）Ref. B04013004000（第1画像）「露西亜ファシスト党日本代表出演ノ皇化連盟主催演説会状況関係／国民思想善導教化及団体関係雑件　第一巻」1935年（外務省外交史料館）。「政治学博士五来欣造氏は我国反共運動の理論的文化的指導者である」（国民政治経済研究所編『日本反共運動の展望』国民政治経済研究所、1940年、118頁）。斬馬剣禅の別名で『東西両京の大学』の著者とも言われている。マロの『家なき子』（翻訳名『まだ見ぬ親』）は1901年より翌年まで連載された（『読売新聞』1901年3月1日朝刊1面〜1902年7月13日朝刊2面、全94回）。

（34）　1937年設立、主な連盟員としては顧問：平沼騏一郎、近衛文麿、頭山満、田中光顕、有馬良橘、評議員：石光真臣、南郷次郎、松岡洋右、荒木貞夫など。正兼との座談会出席者であった五来欣造（素川）も評議員を務めている。「国際反共連盟設立趣意書」、山内封介『赤軍将校陰謀事件の真相：スターリン暗黒政治の曝露』国際反共連盟調査部、1937年、附録2〜8頁。

（35）　山内の他の著作としては、山内封介『日本に挑戦する赤魔：ソヴエートの対日開戦準備』、愛国新聞社出版部、1938年など。前掲の『赤軍将校陰謀事件の真相：スターリン暗黒政治の曝露』は吉村の著書と同様にGHQによって没収、廃棄を命じられている。文部省社会教育局編『連合国軍総司令部から没収を命ぜられた宣伝用刊行物総目録』199頁。ロシア文学者としての山内については沢田和彦「日本におけるゴンチャローフの受容について：翻訳・研究史概観」『ロシヤ語ロシヤ文学研究』13号、1981年を参照。

（36）　代表作としては、斉藤貢『転換日本の人物風景』大東書房、1932年。

（37）　ほかに山口瑞穂、中谷尋が出席。

（38）　正兼『ロシヤ潜行六カ年』4頁。

（39）　「ロシヤ生活の表裏を語る（鈴木正蔵氏に物をきく会）」215頁。

（40）　正兼菊太「ウクライナの飢饉を見る」『ロシヤ潜行六カ年』国防教育会、1936年、35〜36頁。

（41）　正兼「ウクライナの飢饉を見る」36〜37頁。

（42）　正兼「ウクライナの飢饉を見る」39頁。

（43）　正兼「ウクライナの飢饉を見る」40頁。

（44）　正兼「ウクライナの飢饉を見る」41〜42頁。

（45）　正兼「ウクライナの飢饉を見る」41頁。

（46）　正兼「ウクライナの飢饉を見る」42頁。

（47）　保坂三四郎「ウクライナのKGBアーカイブ：公開の背景とその魅力」『ロシア史研究』第105号、2020年。

補章　ウクライナにおける
最初の日本語教科書と日本語教室

1　はじめに

　これまでいつからウクライナで日本語教育が始まったかはっきりとは分からなかった。例えば、国際交流基金ウェブサイトの「日本語教育：国・地域別情報」では日本語教育の実施状況として「ウクライナで日本語教育が始まったのはソ連時代の1940年代キエフ国立大学においてであるが、基盤は弱く、消滅と再開を繰り返した」とされている[1]。ロシアでは1702年に日本語教育が始まっていたことに比べて非常に遅い印象であり、厳密にはこの表現は正確ではない。

　この補章では、1926年にハルキウ（ハリコフ）で作成されたウクライナ語による日本語教科書の手稿史料を紹介しその背景を検討する。ウクライナで誰が、どのように日本語教育を始めたのか、また日本側から支援内容を見ることによって日宇の相互関係がどのように進展していたのかを知る上での一助としたい。

2　フョードル・プシチェンコの経歴

　1926年、ウクライナ東洋研究学会 Всеукраїнської наукової асоціації сходознавства (ВУНАС)が設立された。本部はハルキウにくわえてキーウとオデーサに2つの支部が置かれた。1926〜1927年にかけては『ВУНАС 紀要』、その後『東洋の世界』«Східний світ» と題された学術誌を発行し、1930年には『赤い東洋』«Червоний Схід» と改名された。ВУНАС は、東京大学など日本の教育機関ともコンタクトをとっていた。1926年には ВУНАС の東洋語学コースがハルキウとキーウで開設された。ハルキウには日本語学科があり、69人の学生が学んだ。1929年には、この学科はウクライナ国立東洋学コースと呼ばれ、1930年に、東洋学・東洋言語夜間大学に改組された。主な教員は、言語学者・地理学者で日本語講師でもあったフョードル・プシチェンコとオレクサンドル・クレミンで

ある。プシチェンコは、『BYHAC紀要』に、柴田鳩翁の「京の蛙と大阪の蛙」などの日本の民話も翻訳している[2]。

　プシチェンコは、ウクライナ最初の日本語教科書を執筆した人物である。その経歴について触れておきたい。1879年、ハルキウ州チュゲフ市で、軍の医療助手の子として生まれた。軍入隊後、将校へと昇進し、1904年の春、日露戦争のため極東へ出征した。赴任先のウラジオストクの東洋言語研究所に通った。1904年10月、沙河会戦で捕虜となった。プシチェンコによれば、松山と静岡で収容されたようである。捕虜収容所にいる間、日本語を学んだ。送還が決まり、そののち、3〜4か月間、日本国内を旅した。1906年の初めに、プシチェンコはロシア帝国に戻る許可を受け取り、3月にウラジオストクに向かった。そこで、1907年に出版されたタラス・シェフチェンコの詩「農家のそばの桜の庭」《Садок вишневий коло хати》を日本語訳したと言われている[3]。アルハンゲリスクで軍務に就いたのちに辞任してパリに行き、1906〜1909年にベルリッツ学校で英語とドイツ語のコースを学ぶ一方、国立東洋言語学校で日本語の知識を向上させた。1910年後半にいったんウクライナに戻った後に、南米に行きブラジルに滞在した。その後、ウクライナに戻って1916年の終わりに軍に再招集され従軍した。ウクライナ国・ヘーチマン政府期には、ハルキウで書店を開店し、また公務員として働いた。1920年春頃からはソ連の機関で働き始めた。

　1926年のウクライナ東洋研究学会の設立に続き、1930年5月29日、ウクライナ東洋学大学が設立された。学会の設立はハルキウの教育界に影響を与え、その結果、ハルキウ国立経済研究所とウクライナ教育研究所が設立された[4]。

　1931年の日本の満洲占領に対するソ連政府の警戒感はプシチェンコら東洋学者に影響を与え始めた。1933年の秋、ウクライナ東洋研究学会ハルキウ支部の会員らが逮捕されたのに続き、プシチェンコも逮捕されソビエト連邦刑法第70条に基づいて有罪とされ4か月の強制労働を宣告された。1933年12月の2回目の逮捕は、「日本の諜報機関に情報を提供した」容疑であった。懲役10年の刑を宣告されたが5年に減刑された。1937年の初め、飛行機でキーウに移送、ウクライナ東洋研究学会におけるスパイ活動の追加捜査によって、さらに10年間投獄されることとなった。その後のプシチェンコの足跡は途絶えており、没年も分かっていない[5]。

3　フョードル・プシチェンコ『日本語』大ウクライナ東洋諸国学社雑誌、ハルキウ、1926年⁽⁶⁾

史料補−1として同教科書のまえがきの全文翻訳を掲載するが、教科書の概要は以下のとおりである。教科書自体は1918年に、ハルキウのウクライナ東洋研究学会東洋言語クラスで教えられていた内容をまとめたものとされている。現存を確認できた教科書はこの１巻１冊のみであるが、プシチェンコによれば、これを１巻として２週間に１冊のペースで発刊予定で、１年間で全20冊、１回につき200部を発刊する予定であった。教科書のテキストはローマ字で活字化され、漢字などは、書道の特別のコースで学ぶことが可能とされている。そこからはウクライナ東洋研究学会ではこの教科書を使った会話クラスにくわえて、文字を学ぶクラスが開講される予定であったことが分かる。

教科書第１巻の構成は前書き５ページ、本文22ページの全27ページである。日本の歴史、文学、生活を紹介する記事に文法は説明が入り、それにいくつかの例文や練習が付け加えられている。ウクライナ語訳された記事もあり、日本語作文するためであった。また教授法としてはベルリッツのナチュラルメソッドが推奨されている。

記事の元となったのは以下の３冊の英語による日本語教科書である。

Japanese Conversation Grammar by H. Plaut.

Grammar of the Japanese Spoken language by W. Aston.

Handbook of English-Japanese Etymology by W. Imbrie.

この教科書がウクライナ初の日本語教科書であったことは、「ウクライナで日本語を学ぶのは完全に新しいことであるため、この教科書には間違いがあるかどうか予想ができず、また、すぐに間違いを直すこともできない」と表現されていることからも窺える。また、現存しているのはハルキウ国立大学中央図書館に残されている手稿のみで、出版物としては刊行されなかったと考えられている⁽⁷⁾。

一方、在オデッサ日本領事の島田滋の公電によれば、1929年には日本語講習

がウクライナ東洋研究学会で行われていたことが報告されている。また、外交委員代理ゴゲンベルゲルの要請により在オデッサ日本領事館から同学会の「ハリコフ本部」に以下の教科書が贈られている。それに対して、前在オデッサ日本領事の佐々木静吾は同学会の名誉会員となった[8]。これらを用いて、ハルキウのウクライナ東洋研究学会では日本語教室が開講されていたと思われる[9]。

　　　一、日本尋常小学校国語読本第一巻　　二十五部
　　　一、及第二巻　　　　　　　　　　　　二十五部
　　　一、尋常小学歴史　　　上巻　　　　　五部
　　　一、　　　　　　　　　下巻　　　　　五部
　　　一、帝国新読本全拾冊　　　　　　　　一部
　　　一、現代文新抄全五冊　　　　　　　　一部
　　　一、近古文新抄　　　　　　　　　　　一冊
　　　一、近古文新抄全弐冊　　　　　　　　一部

史料補-1　「まえがき」、プシチェンコ『日本語』大ウクライナ東洋諸国学社雑誌、ハルキウ、1926年

　この教科書は1918年に書かれて、この教科書が必要となる時がくることを期待している。

　これからそれが現実となれば、著者は何かを少し修正するだけではなくあるはっきりした目標に向け本を調整するが、何に気を付けなければならないかというと現在の教育的成果とウクライナ語の言葉のつづりとターミノロジーに気を付けながら調整することである。

　このテキストはハルキウのウクライナ東洋研究学会の東洋言語クラスで教えられている日本語クラスの概略である。この教科書は2週間に1冊発行する予定である。各教科書には日本語クラスで、私が大学で教えた2週間でコースの内容がこの本に入っている。

　少数で十分なので機械（シュクラグラフ）で200部を出版する予定である。また1年間で20冊を出版する予定である。

　日本語のテキストはローマ字で活字化され、なぜなら活字が話す言葉を学ぶ

図補-1　フョードル・プシチェンコ『日本語』、大ウクライナ東洋諸国学社雑誌、
　　　　　ハルキウ、1926年

【出典】ハルキウ国立大学中央図書館デジタル・アーカイブ（URL: http://escriptorium
.univer.kharkov.ua/handle/1237075002/5768　最終閲覧日：2020年9月27日）。

のに一番便利だからである。この活字化はヨーロッパ人向けに一番よく使われ
ている。

　別の活字は、漢字や書道の特別のコースで学ぶことができる。またそれとと
もに、文法も学ぶことができる。

　この教科書は以下のような内容で構成されている。
1）日本の歴史、文学、日本の生活を紹介するいくつかの記事を入れている。
2）記事に使われている文法は説明が入り、そして文法的な説明にはいくつか
　の例文や練習が付け加えられている。
3）いくつかの記事は、別の言葉で書かれている。なぜならウクライナ語から
　日本語に翻訳（作文）するためである。
4）記事に出ている内容を覚えやすくするためには、記事は各表現のあとに日

本語・ウクライナ語両方の訳を付けている。

5）教員から学ぶ場合、記事を読んでから自分の言葉で話し、自分の言葉で書き、また「ベルリッツ」のナチュラルメソッドも使ってほしい。

　記事は以下の本から用いられている。Japanese Conversation Grammar by H. Plaut. また用例は以下の本からも引用されている。Grammar of the Japanese Spoken language by W. Aston, Handbook of English-Japanese Etymology by W. Imbrie.

　ウクライナで日本語を学ぶのは完全に新しいことであるため、この教科書には間違いがあるかどうか予想ができず、また、すぐに間違いを直すこともできない。

　ただし、教える経験の時間が過ぎて、日本語を教える経験や批判があれば、間違いを直すことができる。

　学習の順番と方法

1　日本語のテキストの読み書きを勉強。

2　日本語のテキストとウクライナ語の翻訳と比較する。もし何か文法的に分からないことがあれば、段落ごとに番号が書かれているのでそれを見て説明がある。

3　新しい語彙を自分が作ったノートに順番に書く。

4　読んだ日本語のテキストをウクライナ語に翻訳する。

5　もう一つのタスクは、短いフレーズをテキストから取り上げて、日本語のテキストを左に書いて、右にはウクライナ語翻訳を書く。20ページが例である[10]。

6　各フレーズの翻訳は、ウクライナ語から日本語に翻訳でき、逆もできるように勉強しなければならない。

7　順番が、バラバラになったテキストを繋げて翻訳する[1]。

8　日本語・ウクライナ語で読んで文章を自分の言葉で説明する[2]。

　1）答えがあるとき。
　2）教師と勉強しているとき8番目のタスクをすること。

注

(1) 「ウクライナ（2017年度）：日本語教育の実施状況」（国際交流基金ウェブサイト URL: https://www.jpf.go.jp/j/project/japanese/survey/area/country/2017/ukraine.html 最終閲覧日：2020年3月29日）。

(2) Капранов С. В. Японознавство в Україні: головні етапи розвитку до 1991 року. Маґістеріум. 2007. Вип. 26. Культурологія. С. 44–45.

(3) プシチェンコの訳は残っていないが、この詩の翻訳は以下を参照。藤井悦子編訳「シェフチェンコ詩集　コブザール」群像社、2018年、47～48頁。

(4) Шуйський І. Невиданий підручник з японської //Реабілітовані історією. Харківська область. – К.; Х., 2008. – Кн. 1, ч. 2. – С. 134.

(5) プシチェンコの経歴については、以下を参照した。Луговська І., Чайковська О. Федір Пущенко — жертва сталінських репресій проти української інтелігенції. Політичні репресії в Радянській Україні у 1930–ті рр. : матеріали всеукр. наук.-практ. конф., м. Кам'янець-Подільський, 21–22 лист. 2018 р. Кам'янець-Подільський, 2018. С. 163–168. Василюк О. Д., Циганкова Е. Г. Андрій Ковалівський: перші кроки в орієнталістиці. Східний світ. 2015. № 4. С. 16–27.

(6) Пущенко Ф. Японська мова: Теоретично-практичний курс : Підручник для вжитку на курсах східних мов ВУНАС. 1926.

(7) Шуйський І. Невиданий підручник з японської... – С. 113.

(8) JACAR（アジア歴史資料センター）Ref. B04012389600（第1～7画像）「各国ニ於ケル協会及文化団体関係雑件／蘇連邦ノ部」（外務省外交史料館）。

(9) 具体的な教育内容や受講者については以下の研究が詳しい。Малахова Ю. Діяльність українського технікуму сходознавства та східних мов у 30-ті роки XX ст. / Ю. Малахова // Мовні і концептуальні картини світу. – 2012. — Вип. 40. – С. 309–313.

(10) 教科書の本文とページを確認したところ19ページの間違いである。

第Ⅱ部　　交　　　流

第3章　満洲における〈ウクライナ運動〉

1　はじめに

　満洲帝国外交部によって作成された『東亜政情』には、中国・ソ連の時事問題を中心にナチス・ドイツ関係やヨーロッパ各国の情勢についての日本語の分析や論考が掲載されている[1]。その第5巻には、「ウクライナ運動概観」と題された章が収録されている。この章は、「欧州におけるウクライナ運動」、「極東蘇領におけるウクライナ人」、「満洲におけるウクライナ人」の異なる三つの論考によって構成されている。本章では、これらの史料から日本人が傀儡国家であった満洲国にいたウクライナ人をどのように把握し、またウクライナについてどのような考えを持っていたのかを分析する。また、満洲でのウクライナ運動において重要な役割を果たしたイヴァン・スヴィットと日本人の関係を見てみたい。

2　日本人から見たウクライナ問題とハルビンにおけるウクライナ運動

　「ウクライナ運動概観」の前言では、「ウクライナ問題は今日迄主に欧羅巴に於てのみ論議せられて居るが極東にも亦此問題が起こりうる可能性がある」とされ、「之等の極東蘇聯及満洲国内に於けるウクライナ人が若しも民族意識を恢復して欧羅巴に於けるウクライナ運動に呼応するようなことがあるとしたならば極東の情勢は民族問題の見地よりして新局面を展開すべきエポックに逢着するかもしれない」と述べられ、資料執筆者が危機感を持っていたことが分かる[2]。さらに前言には、満洲国内のウクライナ人は1万5000人であったとも記されている。民族問題としてのウクライナ問題がヨーロッパに存在し、また極東地域も巻き込んだ「ウクライナ運動」と呼称しており、少なくともこの章の編著者はかなり正確にウクライナ情勢を把握していたことが分かる。

図3-1 「（哈爾濱）冬空に鐘の音寂しウクライナ寺院」

【出典】1932年〜1945年頃の絵葉書（岡部蔵）。

　最初の論考「欧州に於けるウクライナ運動」の構成であるが、一、独立運動の歴史、二、地域及び人口、三、文化的中心地、四、新聞雑誌、五、文化、教育施設、六、対外文化連絡機関、七、政治社会団体及び倶楽部、八、スポーツ及び軍事団体、九、学生消費組合及び青年団体、十、婦人団体と、現在のウクライナ研究の水準に比べても劣らぬほど非常に網羅的な内容となっている。

　独立運動の歴史では、マゼーパに始まり「サポロージェのセーチ」などウクライナのコサック国家の歴史を挙げ、ミハイロ・フルシェフスキー[3]、スコロパツィキー、ペトリューラなどウクライナ独立運動の活動家や指導者も紹介されている。

　つづく、「地域及び人口」の節で、「緑のクリーン」、「緑のウクライナ」と呼ばれるウクライナ人居住区が存在し、その面積は2百数十万キロ、人口124万人と記されている。満洲国外交部は1930年代にはその存在を認識しており、さらには、「ウクライナ人の生活している土地の面積」としてそれらの地域を合算して、総面積300万3000平方メートル、総人口5632万3000人の「多きに達する」

としている。

　その他にも、ウクライナ文化の普及を目的としたプロスヴィータ協会[4] のウクライナ・ディアスポラに対する影響力[5]、新聞発行数、1925年にプラハに「ウクライナ解放闘争博物館」やパリに「シモン・ペトリューラ記念博物館」が設立されたことが関係者名とともに記載されるなど多岐に及ぶ内容となっている。少なくともこれを読んだ者は、ウクライナの歴史や現状についてのかなりの知識と情報を得ることができたと思われる。

　二つ目の論考「極東蘇領に於けるウクライナ人」は、一、極東移民の歴史、二、分布地域及び人口、三、社会的及政治的状態の三章構成である。この論考では、帝政ロシア、ソ連当局の統計資料などを使い、極東に住むウクライナ人数の推計を試みている。「帝政ロシアは国防軍事上の必要から、極東移民を奨励したが、その過半数はウクライナ出身の農民大衆であった」との文章で始まり、1901年から1911年までの移民数が記されている。注目されるのは、1899年から一年間と1900年から1912年までの「沿岸州移民出身地別」が集計されていることである。チェルノーゴフスカヤ県（現チェルニヒウ州）、ポルターフスカヤ県（現ポルタヴァ州）、キエフスカヤ県（現キーウ州）、モギレーフスカヤ県（現ベラルーシ・マヒリョウ州）、ウォルィンスカヤ県（現ヴォルィーニ州）、ハリコーフスカヤ県（現ハルキウ州）ごとに集計され、その計算の結果、「極東移民の大体七〇％はウクライナ人であった[6]。」また、「興味ある現象」は、「帝政ロシア政府…と全く同様に、現ソヴェート政府も大々的移民を奨励し乍らそのうち依然としてウクライナ人が総数の六割以上を占めている」ことであった[7]。

　この論考でも、分布地域及び人口の節で「緑のクリーン」、「緑のウクライナ」が取り上げられている。ウクライナ人は「農業をもってその基本的な経済とする民族」で、「豊饒な農耕地を極東に発見し、将来はここは一大農業地方を建設しやうと云う希望」を持っていた[8]。さらに、1926年のソ連の人口調査資料を基に、7管区で集計し、さらに37都市別に居住者数と全体における比率を推計している。極東の居住者124万4433人に対しウクライナ人は30万3259人であった。この数字は1923年の同様の調査よりウクライナ人人口が半減しており「全く無根というべきで」、その理由としては「ロシア人と誤算のあること」、「政治的其他種々の理由によって憚って自己のウクライナ人たる事を言明しない」、「帝政

ロシア政府のロシア化政策のため自己のウクライナ人としての自覚を忘れたものも相当ある」ためであった[9]。極東移民の約7割がウクライナ人であったことから、極東総人口の約半分を占めると推計されている。

つづく、第三章「社会的及び政治的状態」では、ロシア革命を契機に極東に「ウクライナ民族団体グロマーダ（団体の意で所謂居留民会の如きもの）が出現し始めた」と書かれている。グロマーダ、ウクライナ語読みではフロマーダは、コミュニティの意味である。ウクライナ民族主義を標榜した思想家で革命家でもあったミハイロ・ドラホマノフがウクライナ人コミュニティによる歴史的国境ではなく自然の州単位での連邦制を提唱したことに始まる[10]。極東のグロマーダの出現は「帝政時代において酷烈を極めたロシア化政策によって自己の民族精神を危機に瀕せしめられたウクライナ民族が、先ず革命の契機に乗じて自己の民族的結成即ち独立を計らんと志した」からであった[11]。グロマーダは、1917年には極東地方に次々と設立され、その数は8管区56個にのぼった。同年6月には極東ウクライナ大会がニコラエスク・ウスリースキーで開催され、「これを契機として極東ウクライナ運動は積極的な進展を遂げたのである[12]。」

つづく、第2回極東ウクライナ大会では「全ウクライナ陸海軍人はウクライナ軍規に従って特別独自の軍を編成す」との報告があり、極東臨時委員会の指揮下にウクライナ軍が編成されるまで運動は盛り上がりを見せた[13]。しかし、ソ連政府によって1924年1月に極東ウクライナ事務局が閉鎖されると急激に「極東における政治的ウクライナ化」は下火となっていた。しかし、極東におけるウクライナ運動は「表面的には全く影を没したが彼らの反ソヴェート的思想は日を追ふて昂り其運動は潜行的」となった[14]。

三つ目の論考「満洲に於けるウクライナ人」は、一、社会的地位、二、政治的傾向、三、居留民会の設立問題の三章構成である。「ウクライナ運動概観」に収録された三つの論考の中で実地調査に基づく最もオリジナリティの高い論考となっている。「我々にとって興味のある問題は勿論ハルビンにおけるウクライナ人が如何なる生活を営んでいるかと云う問題である」と述べられたのちに、「先ずそれよりもハルビンに在留するウクライナ人のどの位あるかと云う問題に答へなければならない」と書かれている[15]。

姓として「クシュナレンコ、モスカレンコ、スリユサレンコ、リャブシェン

54

コ、シェフチェンコ等々」がウクライナ人に多く、「現在はハルビンに在住する人種上のウクライナ人は少なくとも一万五千人以上である」と推計している。一方、姓が「エンコ」で終わる者が自分をウクライナ人として自覚しているかどうかには疑問を呈している。ハルビンに在住するウクライナ人は「民族的自覚に関しては殆んど無関心の状態」であった。ただ「彼らは古いウクライナの習慣…を墨守し、小ロシアのソーセーヂを愛し、古いウクライナの民謡も今日も愛踊している(16)。」

ハルビンに在住したウクライナ人の社会階層についての分析も興味深い。第1の階級は複数の2階建ての家を所有し、ソーセージや酒の商店を経営しユダヤ人や中国人と競争関係にある「家主」である。このカテゴリーに属するウクライナ人はハルビンの相当な数に上った(17)。第2の階級は「富を得るためにあらゆる方法を講じたが失敗に終わった連中」である。しかし、彼らもその「労働能力やウクライナ人特有の家に対する努力」によって、「郊外に小さなものであってもともかく自分の家を所有」し、「自分では悪い状態にあるとは考えていない。」第3の階級は、ハルビンのウクライナ人の間で「ザイド（渡り者）」と呼ばれる者で、彼らの一部は「本当のインテリゲンチヤ」であった。一方、ハルビンのウクライナ人で高度の教育を受けた者は数十名に過ぎず、その他は、市立学校や県立学校を卒業したレベルで、ハルビンの地主層でも「高度の教育を受けたものは皆無」と記されており、ハルビンのウクライナ人の教育水準はそれほど高くなかったことが窺える。

ハルビンのウクライナ人の政治的傾向は、「非常に異なった二つのグループ」に分けることができた(18)。一つのグループは「自らロシア人と称している連中であり、その数は極めて大きい…彼らはウクライナ人であるにも拘わらず、ウクライナ語を話すことを恥とし、表面上ロシア人の如く装っている。」もう一つのグループは「自ら時にはウクライナ人と呼び、時には小ロシア人と呼んでいる連中」であり、「通常はロシア語で話しているが、民族的独自性とか文化及び言語を自覚している。」ただ、この二つのグループは「政治的観点からすれば全然同一であり、帝政ロシアの復興を望んで…これらのウクライナ人は通常帝政ロシアの復興派」と呼ばれた。

ウクライナ人インテリゲンチヤである「ザイド」は、「ウクライナ民族の独自

性のための闘争と、ウクライナ独立国の建設のための闘争を行っている」グループで、「ウクライナ独立派」と呼ばれていた。帝政ロシア復興派とウクライナ独立派は長年、対立と抗争を続けていた。ウクライナ独立派は、帝政ロシア復興派のウクライナ人に対して「尊敬すべき同国人」といった皮肉を浴びせる一方、ロシア系の愛国主義や文化・宗教団体が彼らによって運営されていることを「恥辱であり、害毒であるとすら」感じていた。しかし、この論考では、ロシア人の如く装っているウクライナ人が大半である中で、ハルビンにプロスヴィータや「ウクライナ倶楽部」が存在したのは、少数派のウクライナ独立派が熱心にその活動を続けてきたことを物語ると評価されている[19]。

1935年には「ウクライナ人居留民会」の設立に向けた動きが起こった。ハルビンのウクライナ関係団体が350名を創立準備会に招待したが、109名の出席しかなかった。約1万5000人のウクライナ人居住者の中からわずか109名の出席しかなかった上に、ここで「敵味方分かれての争論」が起こった。

このような状況下では、ウクライナ人居留民会設立の唯一の可能性は「両者にとって何の反感も抱かれていないもの」にイニシアチブを渡し、「両者に受け入れられるような組織を設ける」しかなかった。それは、「ウクライナ民族の家」の運営において支配的なグループであり、彼らによって作られたウクライナ人居留民会設立趣旨の規約第一条は以下の内容であった[20]。

一、満洲国領土内に在住する全ウクライナ・エミグラントの民族的、政治的、経済的、権利及び利権の擁護

二、満洲国領土内に存在するあらゆるウクライナ団体の統一

三、全ウクライナ人の力の合理的配分を目的とする在満全ウクライナ組織および施設の統一

四、満洲国内に存在する全ウクライナ人の組織、施設、勢力の活動に対する一般的指導並に当局に対する代表

五、ウクライナ民族の幸福のため、ウクライナ国家の永久的な存在の理想をアジア民族に対して普及し、且つ一般世界文化及び文明の保存と発展

六、前項の各原理と対立する共産主義政権並に思想との闘争

この内容は、現状の既得権益の維持がメインで、その政治的な主張も特定の勢力に偏っていたわけではなかった。一方、ウクライナ独立派としては非常に不満な内容だったようで、彼らは居留民会への入会規約に以下の条項を加えた[21]。

　　満洲国におけるウクライナ人居留民会に入会する上は、神、人間、自己の良心の前に左記の如く誓約す
　　一、民会の規律ある会員として正真に衷心より民会及び民会規約によって課せられたる義務を遂行す
　　二、ウクライナはヨーロッパにおける最高の独立国と云う思想をあらゆる方法を以て支持す
　　三、共産主義政権及其思想はウクライナ侵略者として又其思想と対立するものであるから全力を挙げて之と闘争す

この民会規約草案は「あらゆるウクライナ団体の代表者の検討を受けて承認された。」しかし、その内容は「ウクライナ独立派のイデオロギーが濃厚に反映している。」

表3-1は、ウクライナ人居留民会の指導部の名簿である。

表3-1　ハルビンのウクライナ人居留民会の指導部

氏　名	居留民会での役職	職　業
イワン・セリューク	議長	家主
ドゥミートリイ・バルチェンコ	副議長	医師
マクシム・ネドレベンコ		歯科医
ニコライ・ベールイ		舞踊家
ニコライ・サマールスキイ		技術家
ユーリィ・ロイ	元ウクライナ民族共和国長老	運転手
フィヨードル・ボグダン		秋林勤務員
ワシーリイ・フェドレンコ		秋林勤務員

【出典】満洲帝国外交部編「満洲に於けるウクライナ人」70〜71頁。

彼らは「いづれもハルビンにおいてウクライナ独立派として有名」であり、「財政的に完全に独立しているものがある」が、「広汎なる社会的政治的活動を行うことは相当困難であろう」と予測している。

　この論考では、ウクライナ人の間の対立は「ハルビンに在住するウクライナ人社会状態及びその知識的政治的教養の低い」ことが原因と考えている。ハルビンには、居留民会のほかに、「ウクライナエミグラント聯盟」という有力団体があり、二者の関係が「今後どうなるかは、現在のところ何とも云えない。」しかし、ハルビンにおけるウクライナ人の民族運動は、ウクライナ人の帝政ロシア復興派とウクライナ独立派の不和と長い間の抗争が障害となって、「依然として停滞している」と結論づけている[22]。

3　イヴァン・スヴィットから見た日本＝ウクライナ関係

（1）イヴァン・スヴィットとは誰か

　ここまで、日本におけるウクライナ理解の変遷、日本人が満洲国にいたウクライナ人をどのように捉えていたのかを見てきた。それでは、中国や満洲にいたウクライナ人は、この時期の状況をどのように捉えていたのだろうか。本節では、1972年にアメリカで出版されたイヴァン・スヴィットのウクライナ語著書『日本とウクライナの相互関係　1903–1945年』を中心に考察したい。

　スヴィットは「本書は、今日までの歴史書の中で少ししか理解されず、また不当に扱われてきたウクライナと日本の関係の様々な側面を明らかにする試みである」と述べている[23]。イヴァン・スヴィット（英語名：ジョン・V・スウィート）の経歴であるが、1935年2月9日にハルビンのウクライナ人居留民会によって発行されたレターヘッドはウクライナ語で、内容はロシア語・日本語併記の証明書には以下のように書かれている。

　　　證明書
　　　本書携帯人哈爾賓ウクライナ新聞マンジュウルスキーウィーストニク紙記者イワン・ワシーリエウィチ・スヴィット氏ハ本会ノ会員ニシテ本会ハ本人ニ対シ満洲帝国ニ在住スルウクライナ人ノ生活状態ニ就キ関係日満官

憲並ニ公共団体ト協議スルコトヲ委任セリ

依テ茲ニ正式ノ会印ヲ捺シ公文ヲ以テ之ヲ證明ス

千九百三十五年二月九日於哈爾賓

駐満洲帝国哈爾賓ウクライナ轎民公会　印

会長　ペ．ヤフノ

秘書　ウ．パウロフスキー[(24)]

　スヴィットは1935年の時点で『満洲通信（Маньджурський вістник）』の記者を務める一方、在満ウクライナ人に関連する事案について満洲国の日満当局と協議する全権を委任されるほどの立場にあった[(25)]。スヴィットは1897年ロシア帝国のハリコフ（現ウクライナ・ハルキウ）生まれのジャーナリスト、歴史家、ウクライナ独立運動活動家、また切手収集家としても知られ、多彩な顔を持つ。ハルキウ国立大学を卒業後、専門の鉱業の理解を深めるため、ウクライナ各地へと旅行した。1918年3月アメリカに渡る予定の中継地ウラジオストクで革命の影響のため3か月間留まることになった。1919年頃から極東共和国支配下のウラジオストクでイギリスなどの欧米系・ウクライナ系など様々な新聞雑誌の記者となった。その関係で、英語名「ジョン・V・スウィート」を満洲国時代にはすでに名乗っていた[(26)]。1922年に赤軍がウラジオストクに来るとハルビンに亡命し、南満洲鉄道株式会社哈爾濱事務所との協力を始め、その関係は第二次世界大戦終結まで続いた。ハルビンの露字紙『グンバオ（公報）』のウクライナ関連ページを担当する記者を経て[(27)]、ウクライナ民族の家（ウクライナ・クラブ）の運営に関わり、ウクライナ人コミュニティで影響力を保つ一方、ソ連、ウクライナ、日本に関する時事問題を始め、歴史についての著作を多数発表した。戦後は、上海を脱出し、アメリカへ移住した[(28)]。

（2）ハルビンの「ウクライナ民族の家」を巡って

　満洲におけるウクライナ人と日本人の接点の一つは、ハルビンのウクライナ民族の家の返還を通じてであった。スヴィットによれば、ウクライナ人と日本人との政治的関係は日露戦争時に始まり、第一次世界大戦期にはウラジオストクなどで接触を続けた。シベリア出兵時には両者の接触があったが、それらは

あまり大きな意味を持たなかった。

　1918年から19年にかけて建設されたハルビンのウクライナ民族の家は、その近接地を含めて中国軍に没収された。1924年から26年にかけてハルビン在住のウクライナ人は返還運動を行い、駐ジュネーブ中国大使は、ウクライナ亡命政府の外務長官であったウクライナ自由大学教授のオレクサンドル・シュルヒンにウクライナ民族の家が返還されると保証したが、ハルビンの行政機関は命令の実行を拒否した。1931年に満洲を訪れた国際連盟リットン調査団にもウクライナ民族の家に関して抗議文を送付したところ、1932年12月6日に国際連盟で審議されたが結論は出なかった[29]。

　1931年、ウクライナ国民共和国関係者がヨーロッパで日本政府関係者と接触を再開した。まず、在トルコ・ウクライナ亡命政府代表であったヴォロディーミル・ムリシキーがイスタンブールの日本大使館付武官と会ったことがきっかけで、ウクライナ人民共和国軍中将で軍事長官であったヴォロディーミル・サリシキー将軍がワルシャワ在ポーランド日本大使館付武官柳田元三大佐に会った[30]。この会談では、ハルビンのウクライナ人問題も議論され、その影響もあり、ウクライナ民族の家は、1933年11月15日にウクライナ人側へ完全に返還された。返還の覚書には、ハルビン特務機関長小松原道太郎大佐と、満洲国ウクライナ人居留民会を代表者として、副議長のバルチェンコ、スヴィットらが署名している[31]。

（3）スヴィットが接した日本人

　スヴィットは日常的にどのような日本人と接していたのであろうか。本節では特に関係が深かった2名を取り上げたい。

　1924年から、長期間にわたりスヴィットを手助けした日本人として「K・ホリエ」、または「K・K・ホリエ（K. K. Xopie）」の名前が何度も登場する。スヴィットによればホリエは「1924年以来の友人」であり、「ホリエとの対話はほとんどすべてが感慨深い」と述べている[32]。これまでも日本の書籍で紹介されたことがあるが、A・ジュコフスキーの通史が出典となっていたのでカタカナのみの記載であった[33]。名前がイニシャルのみであるので特定は非常に難しいが、スヴィットによれば、ホリエは南満洲鉄道哈爾濱事務所の職員であった。1933

年から34年にかけては「ハルビンの日本軍事使節のウクライナに関する顧問」をしていたとあり、その後、満洲国外交部ハルビン支部の職員となったと書かれている[34]。

1926年の南満洲鉄道の職員録には、南満洲鉄道哈爾濱事務所調査課に「堀江一正」の名前がある。同課は、課長以下16名の職員、1名のロシア人の嘱託職員、4名の日本人嘱託職員が在籍していた[35]。職員録は、いろは順および50音順に並んでおらず、堀江は課長を除く3番目に記載されているため、調査課の中で上席の職員であったと考えられる。また、1928年の職員録では古澤幸吉所長の次に記載されているため次席級の扱いを受けていたと思われる[36]。後に南満洲鉄道理事となる宇佐美寛爾が所長となっても同様の記載である[37]。

また、スヴィットは、堀江がシベリア出兵の際に沿海州地域に駐屯した日本陸軍の将校であったとも述べている。堀江の軍籍は、『陸軍現役将校相当官現役停年名簿　大正9年9月1日調』でも確認できる[38]。堀江一正の名前は、陸軍中央幼年学校第9期（1910年卒）（図3−2）、陸軍士官学校（士候）第24期（1912年卒）の卒業名簿にも記載がある[39]。

堀江は1926年に『露西亜が譲歩するまで』と題された著作を南満洲鉄道哈爾濱事務所調査課より出版しており[40]、ロシア専門家であったことが分かる。堀江はスヴィットにとって生涯の友であるとともに、日本当局の意向を知るための重要なチャンネルであった。堀江については、次章でさらに詳しく論じたい。

スヴィットが深い関係を築いていたもう一人の日本人は「キタガワ教授проф. Китагава」である[41]。これは北川鹿蔵と考えて間違いないだろう。北川は1908年に東京外国語学校露語科を卒業し、南満洲鉄道に入社した[42]。1931年頃、スヴィットによれば、「南満洲鉄道哈爾濱事務所経済局」の職員であった北川と知り合った[43]（図3−3）。北川は、ソ連やシベリアに住むウクライナ人を始めとする「外国人」に興味を持ち、ウクライナ問題やその歴史にも精通しており、様々な議論を行った。北川はハルビンのウクライナ民族の家の返還にも助力したのちに、日本に帰国し、日本ツラン協会の会長となった。スヴィットによれば、日本ツラン協会は極東に住むウクライナ人の正確な分布状況を記した地図を出版し、1935年にハルビンを訪問した際にスヴィットに見せたが、譲り受けることはできなかった。のちに、堀江から日本では外国人への地図の販売が禁止され

図3-2 陸軍中央幼年学校本科第9期第1中隊第2区隊生徒の集合写真（3列目右端、右横を向くのが堀江一正）

【出典】明治43年陸軍中央幼年学校本科卒業記念帖、1910年、靖國偕行文庫蔵。

図3-3　南満洲鉄道哈爾濱事務所職員の集合写真（2列目左端が北川鹿蔵）

【出典】古澤隆彦氏蔵。1925〜29年頃撮影。1列目右から3番目は古澤吉所長、4番目は嘱託職員セルゲイ・ゴルチンスキー（日本の機密費によってソ連の調査を行っていた露西亜通信社の顧問）、5番目は、大澤隼（次章参照）。最後列右端は、哈爾濱事務所管下の哈爾濱常高等小学校の嘱託講師エカチェリーナ・アローナ。撮影場所は、古澤吉邸と思われる。

ているとの説明があった[44]。

「パン・ツングーシズム」、すなわちツラニズムを唱え、その名を冠した大通民論社を興し、満洲事変前の1929年には『パン・ツングーシズムと同胞の活路』という著作を記した[45]。その中では日本から朝鮮半島・満洲を経て欧州までのツングース系民族の大同団結を標榜する「ツングース民族主義」を提唱したほか、「満蒙人と日鮮人は同じ民族である」と日満同祖論を主張した[46]。北川の『「ツラン民族分布地図」解説書』にはツングースの範囲としてフィン族、マジャール族、ブルガル族といったヨーロッパの地域も含まれていることから近接地であるウクライナにも関心を示し、また連帯を考えていたのかもしれない[47]。

4　むすび

スヴィットは自著について、自分の日記、書類などの資料に基づいて書かれていることを強調しつつも、日本人と「このような親密な関係をもったため、中立であるのは難しい」と述べている[48]。そこからは、スヴィットが日本や日本人に親近感や好意を抱いていたことが窺える。満洲国外交部や日本当局も、ウクライナ問題について詳細に調査・研究し正確な理解に努めていた。

一方、日中戦争が始まると日本の政策が一変し、満洲国の日系官僚が入れ替えられる中で[49]、ウクライナ人に友好的だった北川鹿蔵など多くの日本人も満洲を去った。スヴィットによれば、1935年4月まで満洲全域、天津、上海およびヨーロッパにおいてもウクライナ人と日本の外交官との関係は友好的であった。しかし、日中戦争を境に、中国や満洲におけるウクライナ運動への圧力は強まった。

ウクライナ人にとって状況が劇的に変化したのは、満洲の日本当局が白系ロシア人の極右君主制主義者やロシア・ファシスト党と密接な連携を取り始めたことがきっかけであった。そのため、反ロシア的姿勢をとるのが難しくなったのである。ウクライナ人の表現活動も規制されるようにもなった。スヴィットは、1933年に小松原道太郎大佐との間で結ばれたウクライナ民族の家返還についての覚書の全文を含む著作『ウクライナ民族の家』を1936年に出版した。しかし、翌年にはウクライナ側との協力関係が知られるのを嫌う日本側の検閲に

より発禁処分となった[50]。満洲国を実質支配していた日本当局は、ウクライナよりもロシア・コミュニティとの関係に軸足を置いたのである。

　ウクライナ人向けの週刊新聞『満洲通信』も1937年には廃刊に追い込まれた[51]。最後まで、ウクライナ人向けの情報発信のため新聞を発行し続ける努力をしたがついにそれも叶わなかった。激動する世界情勢の中で、彼らの主張や日常を発信できなくなった結果、祖国から遠く離れた極東の地で多くの日本人にも支えられながら繰り広げられたウクライナ運動は、歴史の狭間に忘れ去られた存在となったのである。

（1）　満洲帝国外交部編『東亜政情』満洲帝国外交部総務司計画科、第1巻、1935年、第2巻、第3巻、第4巻、第5巻、1936年。
（2）　『東亜政情』第5巻、1936年、39頁。
（3）　（1866〜1943年）ウクライナの歴史学者、政治家。1917年から1918年にかけてウクライナ中央議会議長を務めた。『ウクライナ＝ルーシの歴史』の著者である。Internet Encyclopedia of Ukraine, Canadian Institute of Ukrainian Studies（URL: http://www.encyclopediaofukraine.com/　最終閲覧日：2017年4月30日）。
（4）　1868年にリヴィウで設立されたウクライナ文化啓蒙団体。現在でもウクライナの教育機関に影響力があるが民族主義的と見なされることもあり、2014年の東ウクライナの紛争では、ルーハンシクで親ロ派によってプロスヴィータ関係者が誘拐され殺害されている。Українська правда, Історична правда, 2014. 6. 23.（URL: http://www.istpravda.com.ua/short/2014/06/23/143421/　最終閲覧日：2017年4月11日）。
（5）　満洲帝国外交部編「欧洲に於けるウクライナ運動」43頁。
（6）　満洲帝国外交部編「極東蘇領に於けるウクライナ人」50頁。
（7）　満洲帝国外交部編「極東蘇領に於けるウクライナ人」51頁。
（8）　満洲帝国外交部編「極東蘇領に於けるウクライナ人」52頁。
（9）　満洲帝国外交部編「極東蘇領に於けるウクライナ人」56頁。
（10）　ドラホマノフについては以下が詳しい。中井和夫「ドラホマノフ覚書：帝政ロシアとウクライナ」『ロシア史研究』38号、1983年。ロシア史研究会早坂真理「ロシア・ジャコバン派とミハイロ・ドラホマノフの論争──国際主義と民族主義の狭間──」『茨城大学教養部紀要』26号、1994年。
（11）　満洲帝国外交部編「極東蘇領に於けるウクライナ人」58頁。
（12）　満洲帝国外交部編「極東蘇領に於けるウクライナ人」58〜59頁。
（13）　満洲帝国外交部編「極東蘇領に於けるウクライナ人」61頁。
（14）　満洲帝国外交部編「極東蘇領に於けるウクライナ人」62頁。
（15）　満洲帝国外交部編「満洲に於けるウクライナ人」64頁。

（16）　満洲帝国外交部編「満洲に於けるウクライナ人」65頁。

（17）　満洲帝国外交部編「満洲に於けるウクライナ人」66頁。

（18）　満洲帝国外交部編「満洲に於けるウクライナ人」67頁。

（19）　満洲帝国外交部編「満洲に於けるウクライナ人」68頁。

（20）　満洲帝国外交部編「満洲に於けるウクライナ人」69頁。

（21）　満洲帝国外交部編「満洲に於けるウクライナ人」70頁。

（22）　満洲帝国外交部編「満洲に於けるウクライナ人」72頁。

（23）　Світ I. Українсько-японські взаємини 1903–1945... – С. 362.

（24）　Там само... – С. 57.

（25）　Попок А. А. «Маньджурський вістник» // Енциклопедія історії України: у 10 т. / ред-кол.: В. А. Смолій (голова) та ін. ; Інститут історії України НАН України. – К. : Наук. думка, 2012. – Т. 6 : Ла- Мі. – С. 476. （ウクライナ国立科学アカデミー歴史研究所編『ウクライナ歴史百科事典』2012年、476頁）。

（26）　'Manchukuo Stamps' (URL: http://manchukuostamps.com/John_V_Sweet.htm　最終閲覧日：2017年4月2日)。

（27）　スヴィットによれば『グンバオ』で「ウクライナの生活」の連載が始まったのは、1929年1月26日であった。Світ I. Українсько-японські взаємини 1903–1945... – С. 83.

（28）　Попок. А. А. «Маньджурський вістник» // Енциклопедія історії України... – С. 476.

（29）　ただし、リットン報告書や調査団の一員であったシュネーの著作には、満洲におけるロシア人の記述はあるものの、ウクライナ人の名称は一切登場しない。Report of the Commission of Enquiry into the Sino-Japanese Dispute （URL: http://www.business-sha.co.jp/wp-content/uploads/Lytton_Commission.pdf　最終閲覧日：2017年4月30日)。ハインリッヒ・シュネー著、金森誠也訳『「満洲国」見聞記〜リットン調査団同行記』講談社学術文庫、2002年。

（30）　関東軍参謀、ハルビン特務機関長、関東軍情報部長を歴任。最終階級陸軍中将。ロシア抑留中、モスクワで死去。『帝国陸軍将軍総覧』秋田書店、1990年、427頁。黒川『物語　ウクライナの歴史』219頁。Світ I. Українсько-японські взаємини 1903 –1945... – С. 103.

（31）　Світ I. Українсько-японські взаємини 1903–1945... – С. 124.

（32）　Там само... – С. 360.

（33）　黒川『物語　ウクライナの歴史』219頁。

（34）　Світ I. Українсько-японські взаємини 1903–1945... – С. 360.

（35）　南満洲鉄道編『職員録：大正15年7月1日現在』南満洲鉄道総務部人事課、1926年、42頁。

（36）　南満洲鉄道編『職員録：昭和3年1月1日現在』南満洲鉄道総務部人事課、1928年、41頁。

（37）　南満洲鉄道編『職員録：昭和5年8月1日現在』南満洲鉄道総務部人事課、1930年、14頁。

（38）　陸軍省編『陸軍現役将校相当官現役停年名簿：大正9年9月1日調』川流堂、1920年、457頁。

（39）　『官報』8085号、1910年6月6日、116頁。『官報』8684号、1912年6月1日、8頁。

（40）　堀江一正『露西亜が譲歩するまで』南満洲鉄道哈爾濱事務所調査課、1926年。

（41）　Світ I. Українсько-японські взаємини 1903−1945... − C. 102.

（42）　東京外国語学校校友会編『卒業会員氏名録』東京外国語学校校友会、1910年、27頁。

（43）　Світ I. Українсько-японські взаємини 1903−1945... − C. 362. ただし北川の所属は調査
　　　　課、庶務課。1931年前後の南満洲鉄道の職員録には名前は記載されていない。

（44）　Там само... − C. 362.

（45）　北川鹿蔵『パン・ツングーシズムと同胞の活路』大通民論社、1929年。

（46）　北川『パン・ツングーシズムと同胞の活路』47頁。

（47）　北川鹿蔵『「ツラン民族分布地図」解説書』日本ツラン協会、1933年。

（48）　Світ I. Українсько-японські взаємини 1903−1945... − C. 360.

（49）　この経緯については、武藤富男『私と満州国』文芸春秋、1988年が詳しい。

（50）　Світ I. Українсько-японські взаємини 1903−1945... − C. 362.

（51）　Там само... − C. 253.

第4章 『満洲通信』に見るハルビンのウクライナ人 1932–1937年

1 はじめに——緑ウクライナのウクライナ人——

　本章の目的は、満洲国のハルビンで発行されていたウクライナ語新聞『満洲通信』の紙面を分析して、在満ウクライナ人の実態を明らかにすることである。

　20世紀初頭に極東に移民したウクライナ人は満洲にも移動し「緑の楔（緑ウクライナ）」と呼ばれた居住区が形成された。近年、緑ウクライナや満洲を含む中国に住んだウクライナ人の研究も現れている。ロシアの研究者B・チョルノマズの『緑の楔：ウクライナ人の極東』は、極東のウクライナ系ディアスポラの事項を網羅する百科事典形式の労作である[1]。ウクライナの中国史家であるO・シェフチェンコの1920年代までのハルビンにおけるウクライナ人コミュニティの研究も進んでいる[2]。

　本章の史料は、1932年8月から1937年8月までハルビンで発行されていたウクライナ語週刊新聞『満洲通信』である。現在、現存が確認されているのは、ニューヨーク市立図書館のマイクロフィルムと在米ウクライナ自由科学アカデミーの資料群イヴァン・スヴィット・フォンドに所蔵されている史料のみである。日宇内外においても、この新聞紙面を使用した体系的な研究はこれまでなかった。一方、膨大な量であり、本章のみですべての紙面を紹介し、全容を解明することはできない。そこで、以下の点について検討する。まず『満洲通信』の編集者であったイヴァン・スヴィットの手記『日本とウクライナの相互関係1903–1945年』を参照しつつ、創刊の経緯から廃刊に追い込まれるまでの概要をまとめる[3]。次にスヴィットと関係があった日本人について検討する。最後に『満洲通信』全号の1面記事から一覧を作成し、各年の動向を参照しながら代表的な記事を取り上げ、スヴィットの手記とも照らし合わせて分析する。これらによって、ハルビンのウクライナ人が何を考え、どのように暮らしていたのか、また日本人とどのような関係であったのかその一端を明らかにしたい[4]。

2 『満洲通信』とイヴァン・スヴィット

（1）『満洲通信』概要——創刊から廃刊まで——

　『満洲通信』は、シェフチェンコ兄弟商会のイヴァン・シェフチェンコの資金援助を受けて1932年8月5月に創刊された[5]。1500部が中国人の印刷業者によって刷られ、同日に路上で販売された。一方、この創刊号は満洲当局から販売許可を得ていなかったので、販売を一時的に禁止された。印刷費が高額で、また有料広告主を見つけるのが難しかったため9月12日に一時休刊に追い込まれ、以後不定期に発行されたが、1933年1月末より復刊し、重複した号数があるものの1937年の200号まで途切れることなく発行された[6]。

　1933年の後半に、ハルビン警察と日本当局の検閲官との打ち合わせが行われたが、満洲国が「五族共和」を謳っており、またハルビンではロシア人が非常に多いため、『満洲通信』での反露的な表現に対する懸念が示された。一方、ロシア人が検閲を行うため、記事はロシア語と英語のみとされたが抗議の結果、ウクライナ語での発行も許された[7]。

　紙面の特徴としてはウクライナ語の記事を中心に、ロシア語、英語の記事が掲載された。創刊号からウクライナ語で発行されていたリヴィウの『ディロ』紙[8]、パリの『トルィーズブ』紙[9]、リヴィウの『スヴォボーダ』紙[10]からの記事も転載された。

　記事の内容については、ウクライナや満洲のウクライナ人に関する内容のほか、グルジア人やタタール人、また回教関係記事も掲載された。例えば、1935年10月に神戸でモスクが建立された記念に、アブドル・アジズ元全インド・ムスリム連盟会長が出席して盛大な式典が開催された記事もある[11]。また、満洲だけではなく上海や青島のウクライナ人団体の広告なども多数掲載されており、満洲や中国のウクライナ人コミュニティを知る上で貴重な史料である。

　1935年頃から日本当局の検閲が強まった。理由としては1934年末に設立された白系露人事務局の干渉があった。同年11月7日には厳しい検閲を受け、12月初頭には複数の記事が発禁処分となったが、満洲国の中華系裁判官によって再発行を許可された[12]。

1935年2月からは日本当局の要請で、ハルビン・ラジオ局のウクライナ語放送で使用するための原稿も『満洲通信』のスタッフが作成し、夕方に放送が行われた。同年3月9日に放送された最初の放送は、3月9日のタラス・シェフチェンコの誕生日を記念して行われ、7～8分のニュースとコンサートの中継で構成された[13]。

　1937年8月8日付の『満洲通信』第200号は印刷されたが、当局の検閲が得られず、販売ができなかった。1938年3月末に、満洲国国務院内務局から『満洲通信』の清算の命令が出されたため、同紙の発行を停止する申請書を提出することを余儀なくされ、その歴史に幕が下ろされることとなった[14]。

（2）編集者イヴァン・スヴィットと日本人

　表4-1は、スヴィットが接触した日本人を年代順にまとめたものである。スヴィットの著作には姓のみ記載されていることが多く、スヴィットの記述以外で名や所属が確認できない場合が多く、その場合は姓名をカタカナで記載している。一方、その他の史料と照合して可能なかぎりで官姓名や所属を付記した[15]。

　最初期に関係があったのは杉原千畝であった。1922年にハルビンに移住したスヴィットは同地の日本総領事館員であった杉原とは1924年から親交があった。杉原は1926年に中国当局によって接収されていたウクライナ民族の家（図4-1）の返還に尽力した[16]。

　杉原とスヴィットの仲介役となったのは、南満洲鉄道哈爾濱事務所の軍司義男と福井敬蔵であった。20年代から30年代初頭にかけてのスヴィットの日本人脈は南満洲鉄道哈爾濱事務所関係者が中心である。例えば、南満洲鉄道哈爾濱事務所調査課や庶務課などの勤務を経て、ロシア語新聞『ハルビンスコエ・ウレーミヤ（哈爾賓時報）』を創刊した大澤隼（図4-2）は、1933年頃、同紙にウクライナ関連ページを設けるなどスヴィットらウクライナ人を支援した[17]。その中でも、堀江一正の存在は非常に大きかった[18]（図4-3）。スヴィットによれば、堀江は極東地域に駐屯した日本陸軍の将校であったがそこに住む沿海州のウクライナ系の女性と結婚したため軍を追われることになった。その後、南満洲鉄道哈爾濱事務所を経て満洲国外交部職員となった[19]（図4-4）。堀江につい

図4-1　ウクライナ民族の家（左端の旗の立つ建物、右端は日本総領事官邸）

【出典】絵葉書「哈爾濱義州街より馬家溝の遠望」（岡部蔵）。なお同じ写真は藤井金十郎編『哈爾濱写真帖 Views of Harbin』日信洋行、1941年、藤井金十郎『哈爾濱と風俗（現地写真集）』日信洋行、1943年にも収録。

図4-2　大澤隼

【出典】河合静子氏蔵（1938年2月パリのモンスリー公園で撮影）。

ては、1931年、参謀本部の斡旋で「和歌山歩兵連隊附ソ連邦実習将校ポクラード ク[20]」の通訳として採用された際、警視総監や和歌山県知事名で作成された 調書からさらに詳しい経歴が確認できる。

　　一、経歴
　　明治廿七年陸軍中央幼年学校予科入学露語ノ研究ヲナシ大正元年陸軍士 官学校卒業. 同十二月任陸軍歩兵少尉近衛歩兵第一聯隊附被命. 大正七年 五月露語研究ノタメ陸軍省ヨリ露領「イルクーツク」市へ派遣セラレ大正 七年西伯利出兵ニ際シ野戦交通部員トナリ引続キ「イルクーツク」市ニア リタルカ大正八年浦汐野戦交通部本部に転任シ中尉ニ昇進シ大正十一年予 備役ニ編入セラル. 一時帰朝ノ上同年満鉄哈爾賓事務所情報主任ニ就職シ 大正十二年三月同地ニ亡命中ノ露国女性「アナスタシヤ・チヤリキナ」ト 正式ニ婚姻シ昨年八月大連所在満鉄本社交渉部ニ転シ同年末解職現在ニ至 ル[21]

　また、陸軍士官学校第24期生の卒業50周年を記念して刊行された『追悼録』 では、同期生であった目賀田周之助が[22]、「堀江一正君：人間としての責任に殉 じた人」と題した追悼文を書いている。それによれば、堀江の父は日露戦争で 戦死した連隊長であり[23]、士官学校卒業後、目賀田とともに近衛歩兵第１連隊 に配属された[24]。シベリア出兵時に「白系露人Ａ女と同棲、一児を挙げたのが 帰還後問題」となった。陸軍当局はその婦人と別れれば問題なしとし、目賀田 を説得に当たらせた。しかし「此處まで来て彼の母子を見捨てたのでは、日本 の将校として如何にも無責任と信ずるから、寧ろ潔く退官の道を選びその責任 をとる」と答えた。その後、堀江はロシア語を生かして南満洲鉄道で活躍した が、昭和初期に日本に一時帰国した際、その夫人が到着した日に急逝し、新年 早々に神田のニコライ堂（東京復活大聖堂）で葬儀を行った。その数年後に日中 戦争に応召、天津で勤務していた際に目賀田と再会、戦後は東京の淀橋に住ん だが、腸を病み病没した[25]。
　満洲におけるウクライナ運動の支援者としての堀江の存在については前章で も触れたが、『満洲通信』の紙面からは、その深い関係の背景が分かる。1935年

図4-3　堀江一正（右上別枠）

堀江中尉

【出典】近衛歩兵第1連隊第1大隊の将校の集合写真。帝国聯隊史刊行会編『近衛歩兵第一聯隊史』帝国聯隊史刊行会、1918年（靖国偕行文庫蔵）。欠席者扱いであることから、イルクーツクでロシア語留学中と思われる。

図4-4 南満洲鉄道哈爾濱事務所職員の集合写真（1925–29年頃）

【出典】古澤隆彦氏蔵。前列左から3番目が北川鹿蔵、2列目左から3番目（北川の右後方）が堀江一正と思われる。前列
右から5番目は古澤幸吉所長。

図4-5　K・ホリエからウクライナ人居留民会への手紙と関係団体からの返信

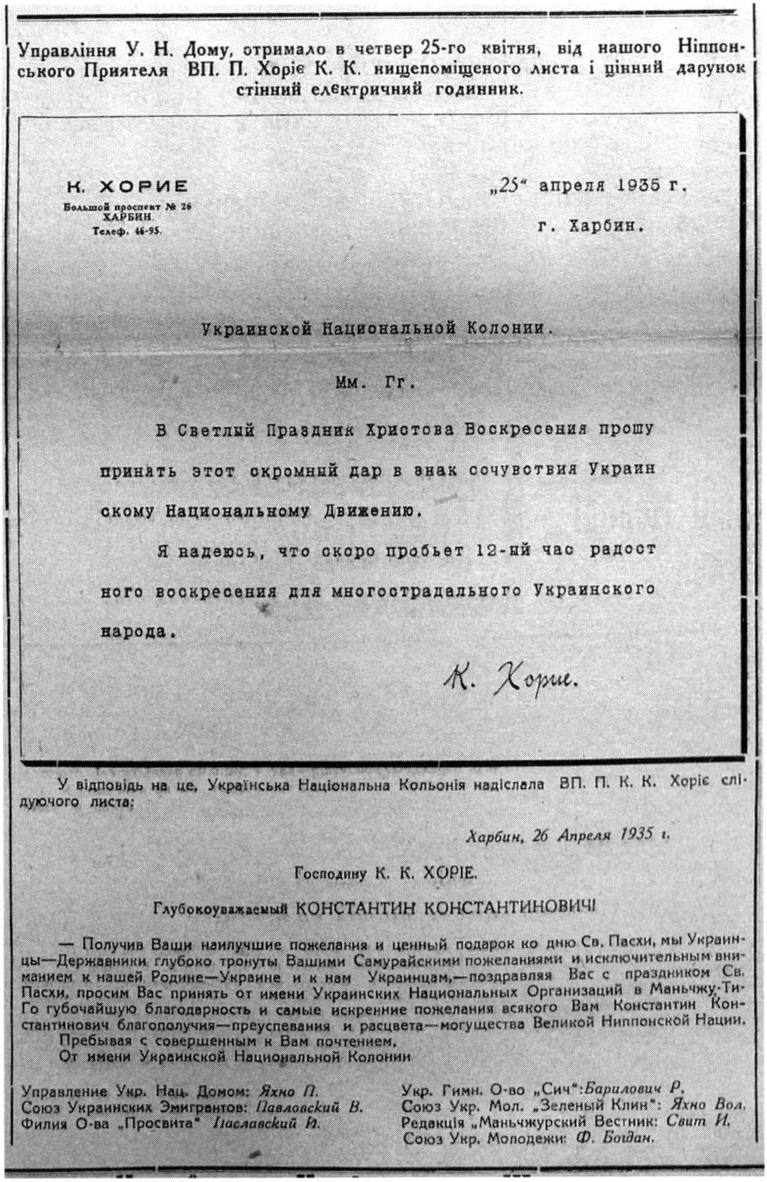

Управління У. Н. Дому, отримало в четвер 25-го квітня, від нашого Ніппон-ського Приятеля ВП. П. Хоріє К. К. нищепоміщеного листа і цінний дарунок стінний елєктричний годинник.

К. ХОРИЕ
Большой проспект № 26
ХАРБИН.
Телеф. 44-95.

„25" апреля 1935 г.

г. Харбин.

Украинской Национальной Колонии.

Мм. Гг.

В Светлый Праздник Христова Воскресения прошу принять этот скромный дар в знак сочувствия Украинскому Национальному Движению.

Я надеюсь, что скоро пробьет 12-ый час радостного воскресения для многострадального Украинского народа.

К. Хорие.

У відповідь на це, Українська Національна Кольонія надіслала ВП. П. К. К. Хоріє слідуючого листа;

Харбин, 26 Апреля 1935 г.

Господину К. К. ХОРІЕ.

Глубокоуважаемый КОНСТАНТИН КОНСТАНТИНОВИЧ

— Получив Ваши наилучшие пожелания и ценный подарок ко дню Св. Пасхи, мы Украин-цы—Державники глубоко тронуты Вашими Самурайскими пожеланиями и исключительным вниманием к нашей Родине—Украине и к нам Украинцам,—поздравляя Вас с праздником Св. Пасхи, просим Вас принять от имени Украинских Национальных Организаций в Маньчжу-Ти-Го губочайшую благодарность и самые искренние пожелания всякого Вам Константин Константинович благополучия—преуспевания и расцвета—могущества Великой Ниппонской Нации.
Пребывая с совершенным к Вам почтением.
От имени Украинской Национальной Колонии

Управление Укр. Нац. Домом: *Яхно П.*
Союз Украинских Эмигрантов: *Павловский В.*
Филия О-ва „Просвита" *Паславский Й.*

Укр. Гимн. О-во „Сич":*Барилович Р.*
Союз Укр. Мол. „Зеленый Клин": *Яхно Вол.*
Редакція „Маньчжурский Вестник: *Свит И.*
Союз Укр. Молодежи: *Ф. Богдан.*

【出典】『満洲通信』11号（103号）、1935年4月28日、2面。

4月28日号では堀江からウクライナ人居留民会宛に復活祭を祝って送られた手紙が掲載されている（図4-5）。その下には、ウクライナ民族の家代表のП・ヤフノ、ウクライナ移民連盟В・パブロフスキー、プロスヴィータ協会И・パスラフスキーの連名での返礼が掲載されている。スヴィットによれば堀江は正教徒であったが、この返礼の宛名から、洗礼名コンスタンティン・コンスタンティノヴィチであったことが分かる。1937年1月10日号では、堀江の妻Л・Ф・ホリエが1937年1月1日に東京で死去した記事[26]（図4-6）、また1937年2月7日号では、2月9日にパナヒダ（パニヒダ、正教の死後40日祭）を行う告知記事が掲載されている。ハルビンの満洲国や日本軍高官など著名人を除いて、日本人からの手紙やその妻の死去について報じた記事は『満洲通信』の発行期間を通じて存在しない。そこからは堀江とスヴィットやハルビンのウクライナ人コミュニティとの深い友情関係が窺える。

堀江は、スヴィットを始めとするハルビンのウクライナ人と日本当局との仲介役であるとともに、「日本軍事使節」との連絡員であった。「日本軍事使節」とは柳田元三大佐がトップであったと書かれているため、ハルビン特務機関を指すことが分かる[27]。1930年代以降、スヴィットが接触を持った日本人の多くは、日本軍・ハルビン特務機関の関係者であった。1932年5月に、ハルビン特

図4-6　『満洲通信』からК・К・ホリエへ妻Л・Ф・ホリエのお悔み記事

МАНЬДЖУРСЬКИЙ ВІСТНИК　　　　　№ 2

РЕДАКЦІЯ ТА ВИДАВНИЦТВО ГАЗ.
„Маньджурський Вістник"
висловлюють своє щире співчуття
ВП. п. К. К. Хоріе з нагоди смерти
його дружини Л. Ф. ХОРІЕ, що наступила
1 січня ц. р. в Токіо.

Несколько напоминаний.

Смерть Л. Ф. Хоріе.
В Токіо 1 січня нагло вмерла дружина щирого приятеля українців п. К. К. Хоріе — Л. Ф. Хоріе.
Українські організації як і окремі особи зложили свої співчуття п. К. К. Хоріе та відправили в Українській Св. Покровській церкві панахиду за душу Л. Ф. Хоріе, яка була від літ парафіянкою нашої церкви та походила сама з Приморщини.
Панахиду відвідали представники укр. організацій, українці й інж. Тер Авакімів, який особисто добре знав покійну.

【出典】『満洲通信』2号（172号）、1937年1月10日、2面。

務機関でウクライナを担当していたタナカ大尉に『満洲通信』創刊の相談をするため第10師団司令部を訪問した際に、司令部にいた橋本欣五郎中佐にロシア人と間違われ叱責された。三月事件、十月事件を計画し失敗した橋本は、北満派遣を控える姫路の野砲兵第10連隊付となり、ハルビン到着後は師団参謀部で宣撫工作などを担当する「特班」の班長となっていた[28]。スヴィットは自分がロシア人ではなくウクライナ人である旨を伝え、冷静になった橋本からはウクライナ独立運動などについて質問が飛び、長時間話し合った。その後、橋本から『満洲通信』の創刊を支援するとの約束をとりつけた[29]。

　1933年11月15日、ハルビン特務機関長であった小松原道太郎大佐と満洲国のウクライナ人居留民を代表して、Д・バルチェンコ、П・ヤフノ、І・スヴィット、П・マルチーシンが署名してノヴォトルゴーバヤ通9番地に所在していたウクライナ民族の家が正式にウクライナ人の管理となることが確認された[30]。一方、ウクライナ民族の家の運営を巡って、ハルビン特務機関とトラブルが発生することもあった。1934年2月下旬、ウクライナ民族の家は、ハルビン高等女学校（のちの哈爾濱富士高等女学校）に1階の5部屋を教室として貸し出した[31]。この合意はハルビン日本商工会議所のヤマダの支援により可能となり、2年間の契約と賃料が前払いされることとなった。この契約を巡っては、堀江を通じて、ウクライナ民族の家には決定権がない旨がハルビン特務機関から伝達された。結果としてウクライナ民族の家からハルビン特務機関に謝罪の書簡を送るということで問題が解決した[32]。なお、**表4-1**で人物が特定できなかった日本軍関係者の多くは、『満洲通信』の検閲担当と思われる。

表4-1　イヴァン・スヴィットが関係した日本人一覧

名　前	時　期	スヴィットの著作での説明	付　記
杉原千畝	1924–31年	1924年、スヴィットが記者の時から親交あり。ウクライナ民族の家のウクライナ人居留民会への返還に尽力。	在ハルビン日本総領事館、日露協会学校、満洲国外交部勤務を経てリトアニアの在カウナス領事館・領事代理。1940年、ユダヤ人を中心とした避難民に通過査証を発給。

K・K・ホリエ （堀江一正）	1926-37年	陸軍大尉、ハルビン特務機関ウクライナ問題代表・顧問、1934年満洲国外交部ハルビン支部の情報部長。ロシア語が堪能。	陸軍中央幼年学校第9期、陸軍士官学校（士候）第24期、近衛歩兵第1連隊付少尉、シベリア出兵、イルクーツクへのロシア語留学、ウラジオストク駐屯を経て中尉で予備役編入、南満洲鉄道哈爾濱事務所調査課・情報主任、正教徒（洗礼名：コンスタンティン・コンスタンティノヴィチ）。スヴィットの著作では、2通りの記載方法があり、K・K・ホリエは洗礼名、K・ホリエは本名を意識して書かれたと思われる。
下村信貞	1931-36年	北川鹿蔵の同僚。満洲国外務省関係者。	南満洲鉄道哈爾濱事務所職員、のちに満洲国外交部次長。ノモンハン事件では満洲国全権委員として事態鎮静化に努める。1955年ハバロフスクのラーゲリで病没。
北川鹿蔵	1931-35年	南満洲鉄道哈爾濱事務所経済局職員、日本ツラン協会会長。	南満洲鉄道哈爾濱事務所調査課職員。庶務課所属時の庶務課長は軍司義男、同僚に大澤隼。のちに哈爾濱市史編纂室主査。ただし1931年〜35年の哈爾濱事務所の名簿には記載がない。
軍司義男	1926-31年	南満洲鉄道哈爾濱事務所。	南満洲鉄道哈爾濱事務所庶務課長、参事、所長嘱託。満鉄勤務の前は、金沢でロシア語講師。正教徒で洗礼名はニコライ。
高畑誠一	1931年	南満洲鉄道哈爾濱事務所運輸課。ウクライナ人技師から「タカハタ」はウクライナ語で「こんな小屋」の意味だと言われ喜ぶ。	南満洲鉄道哈爾濱事務所運輸課長、参事。
福井敬蔵	1926-31年	南満洲鉄道哈爾濱事務所。	南満洲鉄道哈爾濱事務所参事、所長嘱託。

古澤幸吉	1926 -29年?	南満洲鉄道哈爾濱事務所長。	南満洲鉄道哈爾濱事務所長、元外交官、のちにハルビン工業大学顧問、大澤隼の後を受けて哈爾賓日日新聞社長。『ハルビンスコエ・ウレーミヤ』社長も兼務（「大澤隼」も参照）。
ヤギ	1932年	満洲国警察顧問。『満洲通信』の検閲担当。同紙の創刊について橋本欣五郎と相談。	関東軍のイタリア人スパイであったアムレトー・ヴェスパの手記に登場する満洲国中央警察顧問のギリシャ正教徒ニコライ・ニコラエヴィチ・八木と思われる。
タナカ	1932-35年	ハルビン特務機関大尉。橋本欣五郎中佐と同席。	
カタヤマ	1932年	日本当局の検閲官。	
タナカ	1932年	満洲の外国人ジャーナリストの通訳。	
橋本欣五郎	1932年	陸軍中佐。1932年5月に、第10師団司令部を訪問した際にロシア人と間違われ叱責される。ウクライナ人と分かった後に、ウクライナ独立運動などについて話し合う。『満洲通信』の発刊を支援。	姓のみの記載だが、スヴィットは、のちの二・二六事件の将校たちに影響を与えたと記述。同時期に第10師団野砲兵第10連隊付として渡満、ハルビンに駐屯。師団参謀部「特班」班長。元ハルビン特務機関長。
大澤隼	1933-34年	ロシア語新聞『ハルビンスコエ・ウレーミヤ』編集者。同紙にウクライナ関連の連載を設ける。	南満洲鉄道哈爾濱事務庶務課勤務を経て、哈爾賓日日新聞社長。宗像金吾の後援をうけ『ハルビンスコエ・ウレーミヤ（哈爾賓時報）』を創刊。二・二六事件の際、同紙を古澤幸吉に引き継ぎ、夕刊紙『ハルビンスコエ・ウレーミヤ・ヴェーチェラム』社長となった。その後、パリ、ロンドン、ベルリンを巡り、北京で華北交通株式会社に終戦まで勤務した。

小松原道太郎	1933年	ハルビン特務機関長、陸軍大佐。	離任時少将。中将に昇任後ノモンハン事件で第23師団を指揮、壊滅的損害を受ける。
K・クロキ	1933年、1939-40年	憲兵大尉、別名：クラハシ・トシオ。ウクライナ人に対して好意的、ロシア・ファシスト党に否定的。1940年に上海に着任し、ロシア人やウクライナ人を管理下に置こうとした。	Балакшин（1958）にもクロキ＝クラハシ・トシオとしてたびたび登場。同時期の将校名簿から考えられるのは倉橋武雄？（駐ソ武官、のちにビルマ方面軍参謀）。戦後、東京都金融業組合事務局長）。倉橋敏夫（戦後、ソビエトプレス通信社・社長）の可能性もある。
K・ナカムラ	1934年	憲兵大尉、ロシア・ファシスト党顧問、大学を含む在満ロシア人組織の顧問。堀江に毛嫌いされていた。	カスペ事件に関与したコンスタンティン・イヴァノヴィチ・中村と思われる（本名：阿部幸一）。ハルビン憲兵隊通訳で大尉ではないが、ハルビンのロシア人社会ではそう思われていた。
ヤマダ	1934年	ハルビン日本商工会関係者。「ウクライナ民族の家」とハルビン女学校の賃貸契約仲介。	『哈爾賓商工名録』などを確認するとハルビン日本商工会関係者として山田小一と山田忠三がいるが特定できなかった。
ヤマオカ	1934年秋	大尉。テュルク民族主義者のアヤズ・イスハキがハルビンを訪問した際、歓迎会で堀江一正とともにハルビン特務機関を代表して挨拶。	山岡道武と思われる。当時の階級は少佐。本人によれば、この当時は、関東軍参謀部第2課参謀。一方、陸軍の将校名簿の所属は空欄（前年は参謀本部々員と記載）。参謀本部ロシア課長、駐ソ大使館付武官を経て、第1軍参謀長で終戦。ただし『満洲通信』35号（91号、1934年12月8日）3面のイスハキ歓迎会の記事には名前がない。1937年にハルビンへ来たウクライナ民族主義者組織グループのフリホリー・クペツィキーの手記に登場する「ヤマオカ少佐」も同一人物か。

S・ナカムラ	1935年 1月15日	記者。	
ハガサキ	1935年 1月15日	満洲国外務省。	同日に堀江、下村と面会。
柳田元三	1935年2月	大佐、関東軍参謀。テュルク・タタール訪問団と会談。	のちにハルビン特務機関長。1944年インパール作戦で第33師団長解任。戦後、ソ連へ抑留、1952年モスクワで死去。
シバタ	1935年 9月–12月	プロトポポフ大佐の『満洲通信』に対する厳しい検閲に同席。「緑ウクライナ」の地図発行に際して、ソ連総領事館より抗議を受けたため、堀江とも協議。	ニコライ・プロトポフは白軍の元大佐で、満洲国の警察に勤務していた。『ハルビンスコエ・ウレーミヤ』の編集主幹であった柴田五郎（東京外国語学校出身）、または柴田太郎（ハルビン学院出身）の可能性がある。
ヒロセ	1935年 10月	記者。	
フジワラ	1935年 12月	検閲主任補佐。	
イノウエ	1936年末 –40年	ハルビン特務機関顧問、K・ホリエがウクライナ担当に任命。1940年頃、満洲国高等裁判所勤務。	ウクライナ民族主義者組織グループのクペツィキーの手記にも頻繁に登場する。同時期の満洲職員録の哈爾賓高等法院、高等検察庁の名簿に井上姓はなかった。
タムラ	1936年末	駐独（ベルリン）満洲国使節。	駐ドイツ満洲国公使館と思われる。『満洲通信』の特派員が面談。
ヤマグチ・シゲオ	1939–40年	上海特務機関所属の大佐、別名「森」。	
竹下義晴	1940年	上海特務機関長。上海ウクライナ人居留民委員会を承認。	関東軍調査部長、ハルビン駐在、山海関特務機関長を経て、上海へ。その後、第27師団、第30師団長などを歴任。
カガワ	1940年頃	ハルビン特務機関通訳。	

カニエ	1940年頃	少佐、上海で面会。	蟹江元？（ハルビン特務機関満洲里・三河出張所の責任者、のちに第5方面軍情報部樺太支部長、1947年にソ連で銃殺）。1936年の陸軍現役将校名簿には蟹江姓は1名のみである。
サトウ	1941年	上海の日本軍関係者。	
ナカガワ	1943年	大尉。上海の日系放送局関係者。	『李香蘭――私の半生』にも登場する中川牧三と思われる（テノール歌手、中支派遣軍総司令部参謀部付上海陸軍報道部所属文化担当将校）。
N・カワシマ	1943年10月	記者、上海で面会。	
保田三郎	1944年	1944年『ウクライナ・日本語辞典』編纂者の1人。	同辞典の著者は、ワシリー・オジネツとアナトリー・ヂブローワ。ヂブローワは偽名で、クペツィキーによれば、本名はアナトリー・クビチェンコ。
スマダ・セイゾウ	1944年	1944年『ウクライナ・日本語辞典』編纂者の1人。	

【出典】Світ I. Українсько-японські взаємини 1903–1945を基に『南満洲鉄道職員録』、『満洲国官吏録』、『陸軍現役将校同相当官実役停年名簿』、『陸軍予備役将校同相当官服役停年名簿』の各年、『満洲国及び支那に於ける新聞』、『哈爾濱商工名録』などの史料、参考文献を参照して作成。

3 『満洲通信』1932-1937年

在米ウクライナ自由科学アカデミーのイヴァン・スヴィット・フォンドには『満洲通信』200号中6号のみが現存していないだけでほぼ完全な形で残っている。新聞紙面を分析する際、特定の記事のみ取り上げると、バイアスがかかる可能性が高い。そこで、各号の最も重要な記事が掲載された1面から3つの記事を選び、その見出しと執筆された言語、その内容を表4-2にまとめ、その他の1面記事についても可能な限り情報を加えた。それを基に各年の動向を分析し、加えてハルビンのウクライナ人の日常が窺える写真入りの記事をいくつか取り上げたい。

表4-2 『満洲通信』の各号の1面記事一覧

号数	発行日	一面見出し	言語	備考
1号	1932年8月5日（月曜日）	日本が満洲国を承認する〜武藤大将が初代大使となる／武藤大将のハルビン訪問／岡村将軍、ハルビンを訪問	ロシア語	他3記事。紙名、年号日付などはウクライナ語。
2号	1932年8月12日（月曜日）	国境が明確になる／満洲人は共産主義を支持しない／民族主義へのプロセス	ウクライナ語	他2記事。
3号	1932年8月19日（月曜日）	満洲の税金／満洲の登録についての認識／祝賀会	ロシア語	他1記事。紙名、年号日付などはウクライナ語。
4号	1932年9月27日（月曜日）	フランスの空の軍事作戦／ザカルパッチャの自治／イヴァン・フランコの記念碑	ロシア語	他5記事。

5号	1932年10月7日（金曜日）	ヨーロッパとウクライナのバランス——ウクライナなくしてヨーロッパは生きられない／科学アカデミーでのスキャンダル／新しいウクライナの組織	ロシア語	他2記事。スキャンダルはキーウ（キエフ）科学アカデミー。
6号	1932年10月15日（土曜日）	ウクライナの飢饉／マゼーパ300周年記念／プロスヴィータ協会について	ロシア語	他3記事。ウクライナ飢饉については『ディロ』の記事をもとに執筆。マゼーパの式典はソカルにおいて。
7号	1932年10月22日（土曜日）	国際会議でのウクライナ人／グツーリが組織される／社会主義ウクライナでの飢饉	ウクライナ語	他7記事。
8号	1932年12月12日（土曜日）	自分たちの権利／ウクライナの飢饉／ブリュッセルでのウクライナの独立	ウクライナ語	他4記事。
9号	1932年12月19日（土曜日）	シカゴでの博覧会／ブカレストでのウクライナ大使の活動／ウクライナ民族主義者組織に属するため	ウクライナ語	他6記事。「シカゴでの博覧会」は翌年のシカゴ万博にむけてリヴィウでウクライナ側の組織委員会発足。
1号	1933年1月（日付無、土曜日）	行方不明／パブロ・スリャティツキー追悼／イタリアでのウクライナのコンサート	ウクライナ語	他7記事。「行方不明」は極東ウクライナ人のアイデンティティーを問う内容でその数は5万人と主張。スリャティツキー（Павло Суляти-цький）は革命ウクライナ党員。
2号	1933年2月11日（土曜日）	ウクライナはすでに長らく浄化された／ハルキウの変化／ウクライナはモスクワにパンを与えない	ウクライナ語	他10記事。最初の記事は、ウクライナ人が共産党によって浄化されたという内容。

3号	1933年 2月18日 (土曜日)	ウクライナ語学校が必要 だ／社会主義ウクライナ でのパルチザン活動／ハ ルビンのウクライナ・バ ー	ウクラ イナ語	他17記事。
4号	1933年 2月25日 (土曜日)	ハバロフスクは防衛の準 備をしている	ウクラ イナ語	他14記事。
5号 (14号)	1933年 3月4日 (土曜日)	最初の年	ウクラ イナ語	他6記事。
6号 (15号)	1933年 3月11日 (土曜日)	ウクライナ民族の家開館 ／プラハのウクライナ・ クラブ／フランスのウク ライナ人	ウクラ イナ語	他8記事。書籍広告あり。
7号 (16号)	1933年 3月18日 (土曜日)	タラス・シェフチェンコ の日／プロスヴィータの 夕べ	ウクラ イナ語	他7記事。
8号 (17号)	1933年 3月25日 (土曜日)	ラトビア・ウクライナ連 携／政府代表が逮捕され る／上海のウクライナ人	ウクラ イナ語	他8記事。
9号 (18号)	1933年 4月1日 (土曜日)	仕事が必要です！／ウク ライナ人民共和国兵士の 集会／モスクワでウクラ イナ共産主義者訪問団逮 捕	ウクラ イナ語	他5記事。
10号 (19号)	1933年 4月8日 (土曜日)	極東と我々／共産主義者 が戦争を始めた／ニュー ヨークのウクライナ人高 等学校	ウクラ イナ語	他6記事。
11号 (20号)	1933年 4月16日 (土曜日)	フリストス復活！	ウクラ イナ語	復活祭特集。

12号 (21号)	1933年 4月22日 (土曜日)	ウクライナとクバーニに穀物はない／ウィニペグのホールでウクライナオペラ上演	ウクライナ語	他12記事。ウィニペグはカナダ。
13号 (22号)	1933年 4月29日 (土曜日)	ウクライナの生き方――ロイド・ジョージとウクライナ関係／モスクワはウクライナを殲滅している	ウクライナ語	他6記事。表題の記事ではガレス・ジョーンズのウクライナ訪問とレポートについて言及あり。
14号 (23号)	1933年 5月6日 (土曜日)	編集について／ソ連を崩壊させる必要がある　ウクライナ科学研究所	ウクライナ語	他3記事。研究所はワルシャワ所在。
15号 (24号)	1933年 5月13日 (土曜日)	万国博覧会とウクライナの宣伝／ペトリューラ追悼の日	ウクライナ語	他3記事。
16号 (25号)	1933年 5月20日 (土曜日)	万博のウクライナ館／我々の市民権に向けて／神学校の記念日	ウクライナ語	他1記事。神学校はリヴィウに所在。
17号 (26号)	1933年 5月25日 (木曜日)	ウクライナでの反革命／ウクライナ産業銀行／ウクライナ合唱団春のコンサート	ウクライナ語	他1記事。
18号 (27号)	1933年 6月3日 (土曜日)	ペトリューラ記念アカデミー　ウクライナ・コンサート／ウクライナ青年は準備している	ウクライナ語	他1記事。アカデミーはハルビンで設立。青年はハルビン在住のウクライナ系若者。2面にハルビンのウクライナ協会の写真あり。
19号 (28号)	1933年 6月10日 (土曜日)	『満洲通信』読者へ！／中央組合の展覧会／「緑の楔」からの逃亡者	ウクライナ語	他4記事。展覧会はリヴィウ。満洲国への逃亡者の意味。
20号 (29号)	1933年 6月17日 (土曜日)	ソヴェトのウクライナ／シカゴでの展示開幕／イリヤ・ココルズの死	ウクライナ語	他4記事。イリヤ・ココルズ（Ілля Кокорудз、1857年8月1日–1933年6月2日）はリヴィウの教育者、プロスヴィータ協会会長。

21号 （30号）	1933年 6月24日 （土曜日）	シカゴでの万博開幕／モスクワでの反ウクライナキャンペーン／共産主義の主	ウクライナ語	他5記事。1記事はロシア語「ソ連が軍備を強化」。
22号 （31号）	1933年 7月1日 （土曜日）	万博での展示グランドオープン／ウクライナでの新たな逮捕／新しい雑誌	ウクライナ語	他5記事。『満洲通信』のタイトルの下に「ウクライナ国家・国民世論の機関」のサブタイトルが入る。以下最終号まで。
23号 （32号）	1933年 7月8日 （土曜日）	緑の楔からのニュース／ペトリューラ追悼式／ウクライナの報道がねじ曲げられる	ウクライナ語	追悼式はトルコ。
24号 （33号）	1933年 7月15日 （土曜日）	緑の楔からのニュース／パリの図書館／ナチスとポーランドの交渉	ウクライナ語	
25号 （34号）	1933年 7月22日 （土曜日）	シカゴ万博でのウクライナ／ハルビンのウクライナ劇場／新たに処刑される	ウクライナ語	処刑はハルキウにおいて。
26号 （35号）	1933年 7月29日 （土曜日）	武藤元帥死去／ウクライナ軍事史のアルバム／ポスティシェフの2回目の演説	ウクライナ語	他1記事。武藤は関東軍司令官、満洲国駐在特命全権大使　パーヴェル・ポスティシェフ（ウクライナ共産党）。
27号 （36号）	1933年 8月5日 （土曜日）	フランス語のウクライナの歴史／英雄は尊敬されている／シカゴのウクライナ人	ウクライナ語	
28号 （37号）	1933年 8月12日 （土曜日）	現存せず。		発行日は推定。
29号 （38号）	1933年 8月19日 （土曜日）	現存せず。		発行日は推定。

30号 (39号)	1933年 8月26日 (土曜日)	ドニエストルの悲劇／満洲国の最新ニュース／ザカルパッチャのウクライナ学校	ウクライナ語	他5記事。
31号 (40号)	1933年 9月2日 (土曜日)	ボルショビキの楽園からの転換／白山での休日／ウクライナ系カナダ人の記章	ウクライナ語	他3記事。1記事はロシア語「極東のウクライナ・プレス」。
32号 (41号)	1933年 9月9日 (土曜日)	現存せず。		発行日は推定。
33号 (42号)	1933年 9月16日 (土曜日)	『満洲通信』読者へ！／アムールのショービニズム／ウクライナ青年会議	ウクライナ語	他4記事。
34号 (43号)	1933年 9月23日 (土曜日)	『満洲通信』読者へ！（出版協会）／ウクライナ建築への関心／ハルビンのウクライナ教区の生活より	ウクライナ語	他1記事。1934年ウクライナ卓上カレンダーの広告あり。
35号 (44号)	1933年 9月30日 (土曜日)	『満洲通信』読者へ！／国際ウクライナ救済委員会／ショービニズムがさらに高まる	ウクライナ語	他5記事。
36号 (45号)	1933年 10月7日 (土曜日)	ウクライナ人の抗議──在満ウクライナ人の抗議デモ／緑の楔からの移住者組合／極東の赤軍	ウクライナ語	他5記事。抗議デモは共産主義に対するもので10月14、22日に計画。
37号 (46号)	1933年 10月14日 (土曜日)	緑の楔からのニュース／ベルリンのウクライナ科学研究所／国際女性運動におけるウクライナ女性	ウクライナ語	他1記事。
38号 (47号)	1933年 10月21日 (土曜日)	独立ウクライナ、永遠なれ！／ハルビンのウクライナ人居留民会悲しみの日／ゲーペーウが活動する	ウクライナ語	他1記事。『ノーヴォ・ゾーリャ』紙、『ディロ』紙から記事転載の記載あり。

39号 (48号)	1933年 10月28日 (土曜日)	ウクライナ飢饉に関して ／国際連盟におけるウク ライナ人民政府の行動／ ウクライナ解放闘争博物 館	ウクラ イナ語	他2記事。博物館はプラハ所 在。
40号 (49号)	1933年 11月4日 (土曜日)	大ウクライナの農民蜂起 ／非難の決議／ウクライ ナの記事	ウクラ イナ語	他1記事。「非難の決議」は ハルビンのウクライナ人が 「ウクライナ占領中のソ連 に対する」もの。
41号 (50号)	1933年 11月11日 (土曜日)	キーウでの軍事会議／天 津からの手紙／土曜の集 会	ウクラ イナ語	他2記事。天津ウクライナ人 居留民会からの手紙。土曜 日の集会は毎週土曜日のウ クライナ人の集い。
42号 (51号)	1933年 11月18日 (土曜日)	ウクライナ市民権につい て／満洲国のウクライナ の人々へ／ウクライナ出 版組合	ウクラ イナ語	他2記事。
43号 (52号)	1933年 11月25日 (土曜日)	ウクライナ・ポクロフシ カ（生神女庇護）教会に て／プロスヴィータ協会 から／フロマーダ会員 へ！	ウクラ イナ語	他5記事。
44号 (53号)	1933年 12月5日 (火曜日)	絶望の行動／カフカスの ミハイロ・フルシェフス キー／シェフチェンコの 記念碑	ウクラ イナ語	他2記事。「絶望の行動」は 詩人のロスチスラフ・ヴァ シレンコの文章、火曜日発 行。
45号 (54号)	1933年 12月16日 (火曜日)	モスクワは極東での戦争 の準備ができた	ウクラ イナ語	火曜日の記載があるが土曜 日の間違い。1934年ウクラ イナ卓上カレンダーの広告 あり。
46号 (55号)	1933年 12月23日 (土曜日)	モスクワはウクライナか ら奪う／ウクライナ人教 員組織／プロスヴィータ 協会の生活	ウクラ イナ語	他1記事。

号	日付	タイトル	言語	備考
47号 (56号)	1933年 12月30日 (土曜日)	ウクライナ人と友人の皆さん、新年おめでとうございます／明確にする（露語）／極東の大陰謀	宇・露語	ロシア語記事は「明確にする」。内容はハルビンのロシア人組織やロシア人を非難していない。
1号 (57号)	1934年 1月6日 (土曜日)	ハルビンのウクライナ人組織の日本軍事使節への訴え（露語）／ウクライナ解放闘争博物館	宇・露語	「訴え」の記事は露語。日本軍事使節はハルビン特務機関。
2号 (58号)	1934年 1月20日 (土曜日)	兄弟関係はどこに？／厳粛なアカデミー／ウクライナ化の終焉（露語）	宇・露語	アカデミーは、ハルビン・ウクライナ人居留民会による研究報告会。
3号 (59号)	1934年 1月27日 (土曜日)	ウクライナ人へ／ウクライナ移民組合全会員へ／コサックへ	宇・露語	他5記事。プロスヴィータ協会大会の案内（1月30日）あり。
4号 (60号)	1934年 2月16日 (土曜日)	ハルビンでの大デモンストレーション／ウクライナの状況についてのイギリスメディアの声／即位式の準備	ウクライナ語	他10記事。
5号 (61号)	1934年 2月24日 (土曜日)	モスクワに対するウクライナ／上海のウクライナ・クラブ、グランドオープン／ウクライナ展覧会	ウクライナ語	他5記事。
6号 (62号)	1934年 3月3日 (土曜日)	溥儀皇帝陛下万歳！満洲帝国に幸あれ！／レヴィツキー大使の発言／ハルビンの休日	ウクライナ語	Левицький Дмитро（1877–1942）、在ポーランド・ウクライナ大使（ウクライナ国民民主連盟所属）。
7号 (63号)	1934年 3月10日 (土曜日)	詩人の大きなる悲しみ／タラス・シェフチェンコとウクライナの国家政治思想の発展に対するその重要性（露語）	宇・露語	
8号 (64号)	1934年 3月19日 (月曜日)	ソヴェトの状況／ウクライナからの文書／緑の楔	ウクライナ語	

9号 (65号)	1934年 3月26日 (月曜日)	プラハでの会議−移民者 ラーダ代表者会議／ドイ ツと東ヨーロッパ／ウク ライナにおける分離主義	ウクラ イナ語	他4記事。「分離主義」記事 はスタニスラフ・コシオー ルのウクライナ統治に対す るウクライナのソヴェトか らの分離主義を指す。
10号 (66号)	1934年 3月31日 (土曜日)	ハルビンでのウクライ ナ・ラジオの夜／ウクラ イナ・ラジオコンサート ／我々はアジアにあり	ウクラ イナ語	他2記事。
11号 (67号)	1934年 4月7日 (日曜日)	フリストス復活！ウクラ イナ復活！／死が死を克 服した　復活にむけての ゴルゴダへの道	ウクラ イナ語	
12号 (68号)	1934年 4月14日 (日曜日)	ヨーロッパはウクライナ 人に開かれている／ウク ライナ語が禁止される／ ウクライナ解放闘争博物 館	ウクラ イナ語	ウクライナ語が禁じられた のはブコヴィナ。
13号 (69号)	1934年 4月23日 (月曜日)	地元の行事を開催する場 所／満洲国のウクライナ 人居留民会／ドイツの国 境政策についてのイギリ スの報道	ウクラ イナ語	
14号 (70号)	1934年 4月28日 (土曜日)	ロンドンのウクライナ救 済委員会／ポーランドに おけるウクライナ問題に ついてのイギリス人歴史 家／緑の楔のウクライナ 人	ウクラ イナ語	他3記事。「緑の楔のウクラ イナ人」はドミトロ・ボロ ヴィク（1876–1920）に関 する記事。「緑ウクライナ」 の表現あり。
15号 (71号)	1934年 5月12日 (土曜日)	我々の記念日の一つ／ペ トロ・マルチーシン氏と の会話　アメリカと日本 の和解／ソ連と人民連合	ウクラ イナ語	通算番号「1号」と誤記。 他9記事。Марчишин Петро （1889～生没年不明）、ハル ビン・ウクライナ教員組合 会長、居留民会副会長歴任。

16号 (72号)	1934年 5月19日 (土曜日)	ハルキウとキーウ／新し いウクライナ・コペラー ティヴ／ウクライナの地 震	ウクラ イナ語	他2記事。地震は3月29日に キーウとヴィンニツァ。
17号 (73号)	1934年 5月26日 (土曜日)	シモン・ペトリューラ記 念アカデミー：ウクライ ナ・ラジオの夕べ／満洲 帝国の承認／私たちの教 会で何が起こっているの か？	ウクラ イナ語	他2記事。
18号 (74号)	1934年 6月2日 (土曜日)	モスクワの下で我々の同 胞がいかに生きているか 〜飢饉、テロル、反乱、ウ クライナの苦難／東郷元 帥死去／飢饉の楽園から	ウクラ イナ語	他7記事。
19号 (75号)	1934年 6月9日 (土曜日)	ウクライナ人居留民会〜 ウクライナ人へ！／我々 のラジオの夕べ〜アジア における最初のペトリュ ーラ記念学会／我々の仕 事	ウクラ イナ語	他6記事。
20号 (76号)	1934年 6月16日 (土曜日)	有害な要素の排除〜『満 洲通信』へのウクライナ・ フロマーダ会長の声明／ フロマーダ総会をどう思 う？／より決断する必要 がある	ウクラ イナ語	他6記事。
21号 (77号)	1934年 6月23日 (土曜日)	占領者の下の緑ウクライ ナ／緑ウクライナの生活 クロニクル／自由のため の戦いにおける「プロメ テイ」	ウクラ イナ語	他4記事。
22号 (78号)	1934年 6月30日 (土曜日)	新しい成果について〜プ ロスヴィータはその役割 を発展しなければならな い／ウクライナ報道展／ 占領者がやってきた	ウクラ イナ語	他2記事。

23号 (79号)	1934年 7月7日 (土曜日)	我らの若者を活性化しよう～緑ウクライナへの我々の方法／リヴィウのソキルの大会（露語）／上海のソキル・クラブ設立	宇・露語	ソキル（ファルコン）は1862年にプラハで始まったスポーツ運動。1867年にはリヴィウでもクラブ設立。
24号 (80号)	1934年 7月14日 (土曜日)	スタニスラウのウクライナ会議～全世界からの代表団／3、4日目は女性会議／ウクライナ民族の家の生活	ウクライナ語	他7記事。スタニスラウは現イヴァノ・フランキウシク。
25号 (81号)	1934年 7月28日 (土曜日)	ウクライナにおけるモスクワに対する頑強な戦い／ウクライナ民族の家／聖公ヴォロディーミル記念の夕べ	ウクライナ語	他4記事。聖公ヴォロディーミル記念の夕べはイヴァン・スヴィットも実行委員会メンバー。
26号 (82号)	1934年 8月6日 (月曜日)	赤軍は腐敗している／緑ウクライナの生活／ウクライナの首都移転についてのイギリスの報道	ウクライナ語	他9記事。首都はハルキウからキーウに移転。
27号 (83号)	1934年 8月11日 (土曜日)	共産主義は国民を毒殺する／ハルビンのウクライナ学校／ウクライナ劇団組合	ウクライナ語	他7記事。劇団組合はハルビン。
28号 (84号)	1934年 8月27日 (土曜日)	小松原将軍ハルビンを去る～送別会と挨拶／ウクライナ民族の家の休日／ハルビンのウクライナ劇場	ウクライナ語	他3記事。送別会は8月20日に日満倶楽部において。
29号 (85号)	1934年 9月10日 (月曜日)	『満洲通信』は満2年に／ウクライナ飢饉の真実／ウクライナ解放闘争博物館のニュース	ウクライナ語	

30号 (86号)	1934年9月17日 (月曜日)	モスクワはウクライナを破壊する／ウクライナの恐ろしい状況／ソヴェトは「平和」を建設する	ウクライナ語	他4記事。
31号 (87号)	1934年9月29日 (土曜日)	来たる満洲帝国の新時代／極東についての記事／別のラジオ番組	ウクライナ語	「極東についての記事」はリヴィウの『ノヴァ・ゾリャ』紙67・68号に「緑ウクライナ」と「満洲のウクライナ人」が掲載されたことについて。
32号 (88号)	1934年10月13日 (土曜日)	大ウクライナ、緑ウクライナは同じだ／命令された飢饉／ウクライナ劇場にて	ウクライナ語	他5記事。
33号 (89号)	1934年10月22日 (月曜日)	ハルビンの生神女庇護祭／『ナタールカ・ポルターウカ』大成功／悲劇の終わりの日	ウクライナ語	他2記事。『ナタールカ・ポルターウカ』イヴァン・コトリャレウシキー原作の戯曲を10月8日にウクライナ民族の家で上演。
34号 (90号)	1934年11月13日 (火曜日)	記者会見〜極東でのウクライナ出版物／『ナタールカ・ポルターウカ』の映画／ウクライナ・ラジオコンサート	ウクライナ語	他3記事。映画は1935年からリヴィウで撮影開始。ラジオコンサートはプラハにて。
35号 (91号)	1934年12月8日 (土曜日)	新しい仕事──ウクライナ民族の家の重要なお知らせ／ウクライナ人へ──鉄道技師の登録／死亡記事：ミハイロ・フルシェフスキー	ウクライナ語	他1記事。
36号 (92号)	1934年12月18日 (火曜日)	12月23日ウクライナ移民連盟の夕べ／オペレッタ『ナタールカ・ポルターウカ』上演／緑ウクライナにて	ウクライナ語	他5記事。『ナタールカ・ポルターウカ』はオペレッタ全3幕（ミコラ・リセンコ作曲）、ウクライナ民族の家で上演。

1号 (93号)	1935年 1月1日 (火曜日)	新年おめでとうございます！／ウクライナ人へ！ウクライナ民族の家は居留民の利益に尽くします／1935年ウクライナ・カレンダー	ウクライナ語	他に新年祝の4広告（ウクライナ青年組織「緑の楔」、プロスヴィータ協会、ウクライナ移民連盟、ウクライナ民族の家）。
2号 (94号)	1935年 1月7日 (月曜日)	降誕祭を祝う／新年にウクライナ人はどのように出会ったか／ウクライナ移民連盟の次回の夕べ	ウクライナ語	ウクライナ人居留民会の広告。
3号 (95号)	1935年 1月14日 (月曜日)	ソヴェトの危機〜スターリンは若者を制御することはできない／「自発的な集団化」／モスクワはもういい状態にはできない	ウクライナ語	広告：ウクライナ民族の家「仮面舞踏会」会費：マスク着用50分、なし80分。
4号 (96号)	1935年 1月21日 (月曜日)	独立記念日を祝った／ラジオプログラム／「緑の楔」連盟の夕べ	ウクライナ語	
5号 (97号)	1935年 2月28日 (土曜日)	新しい段階へ／ウクライナ移民連盟の最新の決定／アラブのナショナリズム	ウクライナ語	他1記事。
6号 (98号)	1935年 3月9日 (土曜日)	今日、私たちの先人の思い出を祝います〜ウクライナ民族の家で皆でシェフチェンコの日／地域社会の緑ウクライナ　移民連盟の組織	ウクライナ語	
7号 (99号)	1935年 3月16日 (土曜日)	満洲帝国の新時代／奉天での記念日／日本語クラス	ウクライナ語	日本語クラス（Курс Нiпоськоi Мови）は、3月18日開講、無料、夜間クラスは週3回。
8号 (100号)	1935年 3月26日 (火曜日)	100号／我々の時代	ウクライナ語	

9号 (101号)	1935年 4月6日 (火曜日)	我々の新しい段階／ウク ライナ市民へ／パリで『ド ナウ河畔のコサック』再 演	ウクライ ナ語	曜日は土曜の間違い。『ドナ ウ河畔のコサック』（セメ ン・グラク・アルテモフス キー作曲）は80年ぶりにシ ャンゼリゼ劇場での再演。
10号 (102号)	1935年 4月16日 (火曜日)	モラルの回帰に向けて／ モスクワはソフィア大聖 堂を破壊している／ロン ドンでの英宇間コンタク ト	ウクライ ナ語	他1記事。
11号 (103号)	1935年 4月28日 (日曜日)	フリストス復活／ウクラ イナ復活／聖堂の首長・ 主権・国家	ウクライ ナ語	復活祭協賛広告：プロスヴ ィータ協会、ウクライナス ポーツ団体「シーチ」、ウク ライナ青年連盟、青年協会 「緑の楔」、ウクライナ移民 連盟、教員組合。
12号 (104号)	1935年 4月9日 (水曜日)	「小ロシア」の苦悩／満洲 帝国におけるウクライナ の独立思想の勝利／イギ リス人は言う「ウクライ ナの解放を待っている」	ウクライ ナ語	他4記事。4月と誤植。
13号 (105号)	1935年 4月19日 (日曜日)	居留民会会議の前に／ウ クライナ人居留民会声明 ／ロンドンでのイギリ ス・ウクライナ委員会	ウクライ ナ語	他1記事。4月と誤植。居留 民会会議は5月19日開催。 英宇委員会はフレッドマ ン・アッシュリンカーンを 幹事として4月16日にサヴ ォイ・ホテルで結成。
14号 (106号)	1935年 5月25日 (土曜日)	国民的英雄でウクライナ 大聖堂の首長の不滅と栄 光と永遠の記憶——ウク ライナ人民共和国大オタ マン・シモン・ペトリュ ーラ	ウクライ ナ語	他2記事。通算番号105号と 誤植。
15号 (107号)	1935年 6月2日 (土曜日)	S!O!S!／ウクライナの若 者には何もない／ユゼ フ・ピウスツキ元帥死去	ウクラ イナ語	「SOS」は満洲でのウクライ ナ人の生活や意識について。

号	日付	タイトル	言語	備考
16号 （108号）	1935年 6月18日 （土曜日）	居留民会の会議の後で／満洲帝国ウクライナ人居留民会からの告知第一号／定期購読者、購読者、支援者、今から読もうという皆さんへ	ウクライナ語	
17-18号 （109-10号）	1935年 6月29日 （土曜日）	同胞の報道機関発展のために　中欧におけるモスクワの基地	ウクライナ語	合併号。114号まで合併号。
19-20号 （111-2号）	1935年 7月19日 （金曜日）	「スターリンの福祉」／パリでペトリューラ記念学会／公爵邸破壊	ウクライナ語	他4記事。破壊されたのはキーウ郊外のトルベツキー公爵邸の庭園。
21-22号 （113-4号）	1935年 8月5日 （月曜日）	国民の責務／満鉄の変化／世界でのウクライナ人の生活	ウクライナ語	他4記事。
23号 （115号）	1935年 8月17日 （土曜日）	3年が経つ／ウクライナ会議の前に／ルーマニアにおけるウクライナ人の統一公的委員会の権限	ウクライナ語	他5記事。
24-25号 （116-17号）	1935年 9月8日 （日曜日）	歴史的な出来事／江防艦隊の概要／ウクライナ人著名人の死	ウクライナ語	他3記事。「歴史的な出来事」は9月1日のアジア号のハルビンまでの運行。著名人はハルビン在住の Пештич Григорий Петрович。
26号 （118号）	1935年 9月27日 （金曜日）	3周年／金婚／ヴォロディーミル・サリシキー将軍50歳	ウクライナ語	他3記事。金婚はハルビンのウクライナ人で金婚を迎えた夫婦がいるという内容。
27号 （119号）	1935年 10月10日 （木曜日）	ウクライナは巨大な監獄だ／教育の権利／革命勢力との闘いの中で	ウクライナ語	他6記事。
28号 （120号）	1935年 10月22日 （火曜日）	ハルビンの生神女庇護祭／ウクライナに関する本／ウクライナにおける反共産主義テロ	ウクライナ語	他9記事。本は英宇委員会によってロンドンで出版。

号	日付	タイトル	言語	備考
29号 （121号）	1935年 10月29日 （火曜日）	我々にオタマンは必要ではない／上海のウクライナ100人隊／ウクライナ移民連盟は何を纏う？	ウクライナ語	他2記事。
30号 （122号）	1935年 11月7日 （木曜日）	我々の課題／ウクライナ教区の負債／東方プロスヴィータ協会／ミハイロ・ミリコ博士来訪	ウクライナ語	負債はウクライナ・ポクロフシカ教区のもの。
31–32号 （123–4号）	1935年 12月9日 （月曜日）	О・Я・ストゥパクの思い出／ウクライナについて少し話そう／チェルニヒウの人々からのニュース	ウクライナ語	О. Я. Ступак 他5記事。11月と誤植。
33号 （125号）	1935年 12月16日 （月曜日）	ヨーロッパに対するモスクワ　どのようにウクライナは生きているか？／奴隷貿易	ウクライナ語	「奴隷貿易」はソ連の集団化と無償労働について。
1号 （126号）	1936年 1月1日 （水曜日）	新年おめでとうございます	ウクライナ語	7新年広告：上から順にウクライナ・ポクロフシカ教区、ウクライナ移民連盟、「レコード」印刷所、ハルビン・プロスヴィータ協会、プロメテイ・クラブ、И. Я. Чурин и -К-о（チューリン）商会、映画上映告知。
2号 （127号）	1936年 1月7日 （火曜日）	降誕祭おめでとうございます	ウクライナ語	10降誕祭広告：И. Я. Чурин и -К-о（チューリン）商会、プロスヴィータ協会、ウクライナ移民連盟、ウクライナ・ポクロフシカ教区、「安いバザール」商店、『満洲通信』、Т. G. ラジオ店、「レコード」印刷所、ボル・ミレル歯科用品店、コタシェビッチ街の薬局「デシャン医師の調合」。

3号 (128号)	1936年 1月19日 (日曜日)	次に何が？～プロスヴィータ協会での議論	ウクライナ語	
4号 (129号)	1936年 1月26日 (日曜日)	ウクライナ独立記念日／人々は何を使っているか？／プロスヴィータ協会の活動から	ウクライナ語	
5号 (130号)	1936年 2月9日 (日曜日)	ウクライナにおける恐怖／ハルキウ大学130周年／モッタ顧問が次官に	ウクライナ語	スイスのジュゼッペ・モッタが大統領の次官になったという内容。
6号 (131号)	1936年 2月16日 (日曜日)	幸せなウクライナ～モスクワはウクライナの人々の魂をどうするか／ウクライナからの最新情報／英雄的なエピソード	ウクライナ語	他6記事。
7号 (132号)	1936年 3月29日 (日曜日)	ウクライナの産業／ウクライナ・プラストの活動から／ヘーチマン・オルリクの日記	ウクライナ語	他3記事。フィリップ・オルリク（1672－1742）の日記についての評論。
8号 (133号)	1936年 4月6日 (日曜日)	アジアの生活／新しいプロスヴィータ協会の設立／『満洲通信』編集について	ウクライナ語	プロスヴィータ協会は青島で設立。
9号 (134号)	1936年 4月12日 (日曜日)	フリストス復活！	ウクライナ語	復活祭7広告：『満洲通信』編集部、ウクライナ移民連盟、プロスヴィータ協会、ウクライナ・ポクロフシカ教区信徒総会、映画広告『ポンペイ最後の日』（米）、『Casta Diva』（伊）、『浮かれ姫君』（米）。
10号 (135号)	1936年 4月19日 (日曜日)	ロカルノ条約にヨーロッパが懸念／ガリャ・バンセルの死／『ウクライナの極東』出版	ウクライナ語	ガリャ・バンセル（Hyacinthe de Gailhard-Bancel）はフランスの政治家、ウクライナ独立を支援。本は『満洲通信』から発刊、価格20分。

11号 (136号)	1936年 4月26日 (日曜日)	アメリカで大洪水／洪水後の復旧／インドでの闘争	ウクライナ語	
12号 (137号)	1936年 5月3日 (日曜日)	愛国心～ハルビン・プロスヴィータ協会での報告／ウクライナ人居留民会の総会	ウクライナ語	
13号 (138号)	1936年 5月10日 (日曜日)	ハルビンの生活／忘れないでください／プロスヴィータ協会のコンサート	ウクライナ語	「忘れないでください」はプロスヴィータ協会についての記事。
14号 (138号)	1936年 5月17日 (日曜日)	ウクライナ人居留民会総会を前に	ウクライナ語	138号と誤植。
15号 (139号)	1936年 5月17日 (日曜日)	ボゴモーレツ将軍の死／バルチェンコ博士の講義／プロスヴィータ協会の夕べ	ウクライナ語	5月17日と誤植（ボゴモーレツが5月19日死亡のため24日と推定）。ヴァディム・ボゴモーレツ（病理生体学者のオレクサンドル・ボゴモーレツの従兄）。
16号 (139号)	1936年 5月31日 (日曜日)	もう一度、そしてまた	ウクライナ語	139号と誤植。「もう一度、そしてまた」はウクライナ人居留民会やウクライナ民族の家についての記事。
17号 (141号)	1936年 6月7日 (日曜日)	重要な仕事を成し遂げよう／ウクライナ人居留民会総会／教区総会	ウクライナ語	
18号 (142号)	1936年 6月14日 (日曜日)	どう働かなければならないか～ウクライナ人居留民会総会を前に	ウクライナ語	
19号 (143号)	1936年 6月21日 (日曜日)	明日を待つ～ウクライナ人居留民会の新しいラーダ	ウクライナ語	
20号 (144号)	1936年 6月28日 (日曜日)	新しい課題／博覧会でのウクライナ人	ウクライナ語	博覧会はニューヨーク、パリ、プラハ、ウィーン、ベルリンなどで開催。

21号 （145号）	1936年 7月5日 （日曜日）	何が我々に必要か〜我々 の行動の普及に向けた課 題	ウクラ イナ語	
22号 （146号）	1936年 7月12日 （日曜日）	仕事に取り掛かろう〜ウ クライナ人居留民会の新 ラーダとその要件／聖公 ヴォロディーミルの日／ 『満洲通信』の発行につい て	ウクラ イナ語	
23号 （147号）	1936年 7月19日 （日曜日）	全員の精神の力！／スラ ブゴロドの陰謀／ウクラ イナ市民に告ぐ	ウクラ イナ語	「スラブゴロドの陰謀」は 『コムニスト』紙の記事を取 り上げた『ディロ』紙の転 載で、同市のウクライナ人 に対する弾圧について。
24号 （148号）	1936年 7月26日 （日曜日）	我々の理想は広い／学校 事業／ウクライナ市民に 告ぐ	ウクラ イナ語	学校はウクライナ人学校。
25号 （149号）	1936年 8月2日 （日曜日）	我々の仕事を合理的に分 けるために／聖公ヴォロ ディーミルの日〜大成功 の夕べ／共産主義者が針 で殺される	ウクラ イナ語	
26号 （150号）	1936年 8月9日 （日曜日）	プレスと読者／『ナター ルカ・ポルターウカ』の 映画	ウクラ イナ語	
27号 （151号）	1936年 8月16日 （日曜日）	学校の権利／ウクライナ の石油（露語）	宇・露 語	
28号 （152号）	1936年 8月23日 （日曜日）	働くシーズンの前に／ウ クライナ軍記念日／ウク ライナ合唱団	ウクラ イナ語	他2記事。
29号 （153号）	1936年 8月30日 （日曜日）	クモが貪り食う	ウクラ イナ語	ソ連をクモに例えた評論。

号	日付	記事タイトル	言語	備考
30号 (154号)	1936年 9月6日 (日曜日)	『満洲通信』4周年／スポーツマンは楽しんでいます／王立研究所での報告	ウクライナ語	「スポーツ」はソ連のメディアを引用してハルキウでのディナモの試合などについて。「王立研究所」は、王立国際問題研究所(チャタム・ハウス)でのロマン・スマリ＝ストツィキー (Смаль-Стоцький Роман) ウクライナ自由大学 (ミュンヘン) 教授のソ連に関する講演について。
31号 (155号)	1936年 9月13日 (日曜日)	ウクライナでの行事／ウクライナ青年連盟の夕べ／ウクライナ民族合唱団	ウクライナ語	他2記事。いずれもハルビンでのイベントの告知。「行事」はウクライナ国内のもの。
32号 (156号)	1936年 9月20日 (日曜日)	1931–1936年〜満洲帝国建国とその歴史	ウクライナ語	
33号 (157号)	1936年 9月27日 (日曜日)	我々の愛国心／「ウクライナ化」	ウクライナ語	「ウクライナ化」は、キーウ大学の募集がロシア語で行われていることへの疑問。
34号 (158号)	1936年 10月4日 (日曜日)	ウクライナ歌謡の夕べ／過去について一言	ウクライナ語	9月27日のウクライナ民族の家のウクライナ民謡コンサート。「過去について一言」は極東ウクライナ人の歴史について。
35号 (159号)	1936年 10月11日 (日曜日)	『ナタールカ・ポルターウカ』の映画〜ウクライナの映画が完成する	ウクライナ語	
36号 (160号)	1936年 10月18日 (日曜日)	ウクライナが燃えている／生神女庇護祭／次の火曜日／ウクライナ人居留民会の年鑑が出ました	ウクライナ語	他2記事。「次の火曜日」はウクライナ青年連盟の集いについて。
37号 (161号)	1936年 10月25日 (日曜日)	プラハのウクライナ博物館 東洋学協会において	ウクライナ語	

38号 （162号）	1936年 11月1日 （日曜日）	次はどこへ行く？　1）ど こへ行く？　2）我々は皆 ウクライナ愛国戦線に行 く　3）我々の力の未来	ウクラ イナ語	
39号 （163号）	1936年 11月8日 （日曜日）	フォックストロットのよ うな伝染／忘れられた事 実	ウクラ イナ語	「フォックストロット〜」は ダンスのようにウクライナ 人としての精神生活が広が るという内容。「忘れられた 事実」は極東でのソ連との 関係の経緯について。
40号 （164号）	1936年 11月15日 （日曜日）	ユダとユダ	ウクラ イナ語	1面すべて評論。ウクライナ のユダとなってはいけない といった内容。
41号 （165号）	1936年 11月22日 （日曜日）	バザール〜1921年11月21 日――1936年／バザール の日／11月の休日	ウクラ イナ語	1921年11月21日のジトミー ル州のバザール村でのウク ライナ人民共和国軍の兵士 の悲劇について。「バザー ルの日」は11月22日にウク ライナ民族の家での追悼集 会について。
42号 （166号）	1936年 11月29日 （日曜日）	年配者と若者	ウクラ イナ語	1面すべて評論。ウクライナ 運動の世代間の意識の差や 世代を超えた組織の必要性 について。
43号 （167号）	1936年 12月6日 （日曜日）	満洲帝国、イタリアに承 認される／プロスヴィー タの母に栄光あれ！	ウクラ イナ語	
44号 （168号）	1936年 12月13日 （日曜日）	ウクライナの立場〜日独 同盟とウクライナ／火曜 日の夕べ	ウクラ イナ語	日独同盟についてウクライ ナの独立にむけてポジティ ブに評価。
45号 （169号）	1936年 12月20日 （日曜日）	緑ウクライナとコミンテ ルン／反共産主義の夕べ	ウクラ イナ語	反共産主義の夕べはウクラ イナ民族の家で20日晩に開 催。
46号 （170号）	1936年 12月27日 （日曜日）	1936年の結果	ウクラ イナ語	1936年を回顧する記事。

1号 (171号)	1937年 1月3日 (日曜日)	天国の神、地球の平和、人々の恵みに栄光あれ！	ウクライナ語	新年5広告。ウクライナ人居留民会、プロスヴィータ協会、ウクライナ青年連盟、ウクライナ生神女庇護教会、プロメテイ協会。
2号 (172号)	1937年 1月10日 (日曜日)	偉大なる日／ウクライナ民族の家で次に何があるか？／ウクライナ人居留民会のニュース	ウクライナ語	「偉大なる日」はイヴァン・スヴィットの署名記事。
3号 (173号)	1937年 1月17日 (日曜日)	伝統の退色／トルコからの祝電	ウクライナ語	トルコのウクライナ人居留民会からの祝電が「満洲通信編集者イヴァン・スヴィト」宛に届く。
4号 (174号)	1937年 1月24日 (日曜日)	19周年〜1918年1月22日〜1919年	ウクライナ語	ウクライナ人民共和国独立19周年。
5号 (175号)	1937年 1月31日 (日曜日)	批評／ウクライナ青年連盟再編／ミコラ・ドブロボリスキー死去	ウクライナ語	ドブロボリスキーは極東で活動した俳優で天津にて死去。
6号 (176号)	1937年 2月7日 (日曜日)	信じない者に対する戦線	ウクライナ語	
7号 (177号)	1937年 2月14日 (日曜日)	共産主義者は餓鬼だ／Λ・ホリエの葬儀／H・バチンスキーが任命される	ウクライナ語	Λ・ホリエは堀江一正（スヴィットによるとハルビン特務機関のウクライナ担当顧問）の妻。バチンスキーはウクライナ系カナダ人。マニトバ市議会議員に任命される。
8号 (178号)	1937年 2月21日 (日曜日)	死刑執行人の死！／ウクライナ人という人種	ウクライナ語	「死刑執行人の死」はパーヴェル・ポスティシェフがスターリンに批判されたことについて。
9号 (179号)	1937年 2月28日 (日曜日)	現存せず。		発行日は推定。

10号 (180号)	1937年 3月7日 (日曜日)	タラス・シェフチェンコ ／ハルビンでのウクライ ナ人の生活	ウクラ イナ語	
11号 (181号)	1937年 3月14日 (日曜日)	緑の楔とコミンテルン／ 『ナタールカ・ポルターウ カ』大成功	ウクラ イナ語	『ナタールカ・ポルターウ カ』はウクライナ民族の家 で2月11日にオペレッタと して上演。
12号 (182号)	1937年 3月21日 (日曜日)	人民の革命20周年／ハル ビンのウクライナ人の生 活	ウクラ イナ語	1917年の2月革命について。
13号 (183号)	1937年 3月28日 (日曜日)	現存せず。		発行日は推定。
14号 (184号)	1937年 4月4日 (日曜日)	チェコスロバキアのウク ライナ自治区／世界のウ クライナ人の暮らし	ウクラ イナ語	
15号 (185号)	1937年 4月11日 (日曜日)	野蛮人の王国で／ローマ のウクライナ人神学校	ウクラ イナ語	「ローマのウクライナ人神学 校」はローマにウクライナ 人向けのカトリックの学校 が出来たとの内容。
16号 (186号)	1937年 4月18日 (日曜日)	今日のウクライナの出来 事	ウクラ イナ語	
17号 (187号)	1937年 4月24日 (日曜日)	共産主義による苦しみ／ アジアにて	ウクラ イナ語	「アジアにて」は中国や各地 のウクライナ人団体の活動 など。
18号 (188号)	1937年 5月2日 (日曜日)	フリストス復活！ウクラ イナ復活！／復活までゴ ルゴダを通って	ウクラ イナ語	復活祭7広告。ウクライナ・ ポクロフシカ教区、ウクラ イナ人居留民会、『満洲通 信』ならびにウクライナ出 版組合、青島プロスヴィー タ協会、アジア・プロスヴ ィータ協会、天津のウクラ イナ人、上海ウクライナ・ フロマーダ。

19号 （189号）	1937年 5月9日 （日曜日）	我々の暮らしの活性化／ アジアのウクライナ人の 暮らし	ウクラ イナ語	
20号 （190号）	1937年 5月16日 （日曜日）	良心に語らせてください	ウクラ イナ語	
21号 （191号）	1937年 5月23日 （日曜日）	シモン・ペトリューラ／ アジアのウクライナ人の 暮らし	ウクラ イナ語	
22号 （192号）	1937年 5月30日 （日曜日）	現存せず。		発行日は推定。
23号 （193号）	1937年 6月6日 （日曜日）	臆病者のために／アジア のウクライナ人の暮らし	ウクラ イナ語	
24号 （194号）	1937年 6月13日 （日曜日）	ジョージ6世からの電信 ／重要な出来事だ！／自 分で友達を作ろう	ウクラ イナ語	上海のウクライナ人居留民 会がイギリス国王ジョージ 6世に送った手紙に対して 返信があったという内容。
25号 （195号）	1937年 6月20日 （日曜日）	共産主義の野蛮人による 苦しみ／満洲国について の外交官	ウクラ イナ語	「満洲国についての外交官」 は満洲国について対外的に 話そうという内容。
26号 （196号）	1937年 6月27日 （日曜日）	共産主義の死／極東から のニュース	ウクラ イナ語	
27号 （197号）	1937年 7月4日 （日曜日）	年配者が若者に語る	ウクラ イナ語	
28号 （198号）	1937年 7月11日 （日曜日）	年配者が若者に語る／ア ジアのウクライナ人の暮 らし	ウクラ イナ語	「年配者が若者に語る」は前 号の続き。

29号 （199号）	1937年 7月18日 （日曜日）	ウクライナ人銃殺される／ウクライナのニュース／極東のニュース	ウクライナ語	「ウクライナ人銃殺される」はハバロフスクの軍事裁判の結果、「スパイ」、「トロツキスト」として21人が銃殺されたことについて。
30号 （200号）	1937年 8月8日 （日曜日）	支那の情勢／極東からのニュース	ウクライナ語	

【出典】『満洲通信』通算番号1号〜200号（欠号:37号、38号、41号、179号、183号、192号）。

図4-7「グルジア人の暮らし——グルジアの英雄の思い出、グルジアとヨーロッパ」

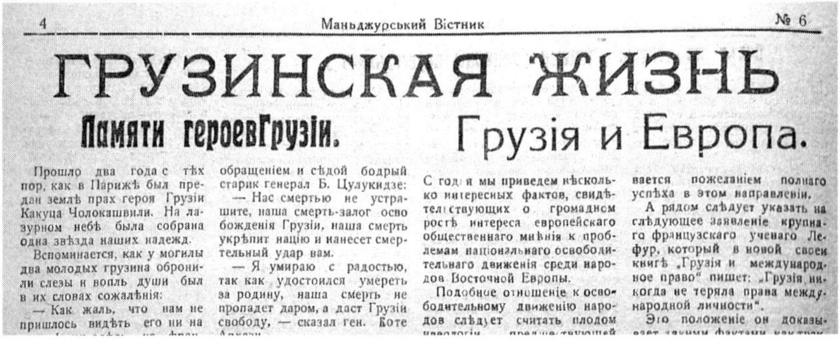

4 Маньджурський Вістник № 6

ГРУЗИНСКАЯ ЖИЗНЬ

Памяти героевГрузіи.

Прошло два года с тѣх пор, как в Парижѣ был предан землѣ прах героя Грузіи Какуца Чолокашвили. На лазурном небѣ была собрана одна звѣзда наших надежд.

Вспоминается, как у могилы два молодых грузина обронили слезы и вопль души был в их словах сожалѣнія:

— Как жаль, что нам не пришлось видѣть его ни на

обращеніем и сѣдой бодрый старик генерал Б. Цулукидзе:

— Нас смертью не устрашите, наша смерть-залог освобожденія Грузіи, наша смерть укрѣпит націю и нанесет смертельный удар вам.

— Я умираю с радостью, так как удостоился умереть за родину, наша смерть не пропадет даром, а даст Грузіи свободу, — сказал ген. Коте

Грузія и Европа.

С год я мы приведем нѣсколько интересных фактов, свидѣтельствующих о громадном ростѣ интереса европейскаго общественнаго мнѣнія к проблемам національнаго освободительнаго движенія среди народов Восточной Европы.

Подобное отношеніе к освободительному движенію народов слѣдует считать плодом

вается пожеланіем полнаго успѣха в этом направленіи.

А рядом слѣдует указать на слѣдующее заявленіе крупнаго французскаго ученаго Лефур, который в новой своей книгѣ „Грузія и международное право“ пишет: „Грузія никогда не теряла права международной личности“.

Это положеніе он доказы-

【出典】『満洲通信』6号、1932年10月15号、4面。

(1) 1932年【1号（8月5日、月曜日）～9号（12月19日、土曜日）】

　創刊号は「日本が満洲国を承認する」の大見出しで、9月15日に日本が満洲国を承認する見通しであることや武藤信義関東軍司令官が満洲国駐在特命全権大使に就任することや関東軍参謀副長の岡村寧次少将のハルビン訪問などを非常に詳細に報じている。紙名、年号日付などはウクライナ語であるが記事はロシア語であった。発刊時に検閲は何語で行うのかが話し合われており、ハルビン特務機関や当局による検閲のためであったと思われる。9月は1号、11月はまったく発刊されていない。これはスヴィットが述べているように商業広告不足と高額の印刷費によるものであったと思われる。一方、8月12日号あたりからは、各号8つ程度の広告も掲載されている。

　10月から、ウクライナ飢饉についての記事が増え、12月にも掲載されている。ポジティブなニュースとしては、1933年に開幕するシカゴ万博でのウクライナパビリオンのため、リヴィウで組織委員会が立ち上がったことが報じられている。

　「日本と満洲国」（8月12日号3面）、「満洲でのウクライナ人の暮らし」（同5面）といったハルビンのウクライナ人に対して、事実上の日本統治下でどのように暮らしが変化するのかといった記事も目立つ。「グルジア人の暮らし」（10月15日号4面）（図4-7）、「グルジアの歴史」（12月19日号4面）といったグルジアに関する記事も多いため、ハルビンのウクライナ系とグルジア系コミュニティに繋がりがあったことが窺える。1933年6月3日号では「グルジア語の新聞発刊」といった記事も掲載されている。また創刊号からグルジア系と思われるＢ・Ｍ・ツェルツバトゼ商店の広告が毎号掲載されている。商店の所在地は『満洲通信』編集部ならびにウクライナ出版組合が所在したキタイスカヤ街32番地、電話番号も同じでその関係が深かったことが分かる[33]（図4-8、9）。また、これまでイヴァン・スヴィットが切手商であったと考えられてきたが、ツェルツバトゼ商店がコレクター向けの切手販売業を営んでいたようである。

　なお、1932年には、写真が掲載された記事はなかった。

図4-8　Ｂ・Ｍ・ツェルツバトゼ商店の広告（キタイスカヤ街32番地）

【出典】『満洲通信』1号、1932年8月5日、8面。

図4-9　『満洲通信』・ウクライナ出版組合（キタイスカヤ街32番地）

【出典】『満洲通信』1号、1932年8月5日、6面。

（2） 1933年【1号（1月、土曜日）〜47号（56号、12月30日、土曜日）】

　1933年は5月25日、12月5日、16日号の3回を除いて、すべて土曜日に発行され、前年に比べ安定した経営環境が窺える。また、5号より通算番号14号が併記されるようになり、廃刊まで続いた。引き続き、ウクライナ飢饉の記事が多くみられ、またソ連と共産主義に対する警戒感を示す記事がたびたび掲載された。ウクライナ共産党幹部のパーヴェル・ポスティシェフの演説のように、ソ連のメディアから引用される事例もあった。

　カナダやフランスなど世界中のウクライナ人ディアスポラに関する記事も多い。また、ハルビンのウクライナ人の活動や生活に便利な情報も掲載された。2月18日号ではウクライナ人学校の必要性を訴えている。1933年の大きな話題は、シカゴ万博にウクライナパビリオンが出展されたことで、6回にわたり掲載された。

　1933年には写真付きの記事が8つあるがそのうち、ハルビンや極東のウクライナ人に関するものは3つである。その中から2つ紹介したい。6月3日の記事ではハルビンの生神女庇護教会で、ミコラ・トゥルファニフ神父らによってシモン・ペトリューラの死後40日祭パナヒダが行われたことが報じられている（図4-10）。現在は中国自治正教会管轄でロシア正教会の影響が色濃い同教会だが、当時満洲で発行された絵葉書や地図などで1930年に建設され東清鉄道関係者を祀った「ウクライナ寺院」として紹介された（図4-11）。ペトリューラの式典を執り行っていたことからは少なくとも1930年代の前半は民族意識の高いウクライナ人を中心として同教会が運営されていた様子が窺える。『満洲通信』にもハルビン市ウクライナ・ポクロフシカ教区（Українська Свято-Покровська парафія в м. Харбіні）や同信徒会の名の下に広告が降誕祭や復活祭に掲載されていることからもウクライナ人教会であったことが裏付けられる。

図4-10「シモン・ペト
リューラのパナヒダ」

【出典】『満洲通信』
13号（27号）、1933年
6月3日、2面。

Панахида по С. Петлюрі.

У неділю, 28 травня, після Літургії, котру було відправлено українською мовою в Українській Свято-Покровській церкві, харбінські українці та їх приятелі помолились за душу св. п. Головного Отамана військ УНР Симона Петлюри.

Перед панахидою добру проповідь виголосив пан-отець Микола Труфанів, нагадавши присутнім про ту надзвичайну любов до Батьківщини та українського народу, що проявив своїм життям та мученичеською смертю наш вожд Симон Петлюра.

Панахиду правив п. о. М. Труфанів вмісті з п. о. І. Ільчуком та п. о. З. Марченком, що недавно прибіг сюди з Приморщини, та дяком Затіпляєвим.

Зібралось на панахиду чимало українців, представники всіх місцевих укр організацій, були присутні також і представники кавказців.

Добре співав хор, а коли було проголошено вічну память вбитому Отаману, думки усіх неслись туди, де ворог лютує зараз та не дає можливости відправити служби Божої.

При виході з церкви частину присутніх на панахиді було сфотографовано.

Українці виходять з церкви.

Група представників організацій після панахиди.

図4-11 「小露への思慕・ウクライナ寺院」

【出典】哈爾濱鉄道局編輯（第三輯）『哈爾濱の寺院』
哈爾濱鉄道弘済会、1934–1945年頃（岡部蔵）。

11月18日号の「私たちが必要とするもの」と題された記事は、ウクライナ民族の家についてである。記事ではまず、通称「ウクライナ・クラブ」と呼ばれたこの施設が日本当局によって公式に使用が認められたと書かれている（図4-12）。また、この建物を管理するのが「ウクライナ人居留民会（非ボリシェビキ系）」と書かれていることから、ソ連系ウクライナ人の存在と居留民会のウクライナ人意識の高さが窺える。

　ハルビンのウクライナ人が必要とするものとして挙げられているのは以下の8点である。

　　1．ウクライナ語によるウクライナ人学校の組織
　　2．ウクライナ人教員養成クラス
　　3．貧しいウクライナ人や孤児の収容施設
　　4．ハルビンのウクライナ人の生活や情報についての独自の印刷物の広範な配布
　　5．ハルビン近郊と鉄道におけるウクライナ人のコミュニティとサークルの組織化
　　6．展覧会、夜会、コンサートなどが実施できる文化・教育団体
　　7．ウクライナ銀行の設立、または低利子で預金者に融資する貯蓄銀行
　　8．あらゆる種類の最も安い商品を加入者に販売するウクライナ人の協同組合組織

　4のウクライナ人独自の印刷物配布については「満洲の他のすべての外国人が独自の印刷物を持つがウクライナ人にはない」と記されている。1937年に外務省情報部が編纂した『満洲国及び支那における新聞』にも『満洲通信』についての記載はなく[34]、現地では発行の許可証は出ていたものの、その不安定な立場が窺える。

（3）1934年【1号（57号、1月6日、土曜日）〜36号（92号、12月18日、火曜日）】

　1934年の発行日は、土曜日を中心に日曜日、月曜日、火曜日と安定していない。まず、この年から極東ウクライナ人居住区の呼称として「緑の楔」ではなく「緑ウクライナ」が使われることが増えた。各国のウクライナ人の活動について詳しく報じられるとともに、ハルビンのウクライナ関係団体の記事が増え

図4-12　ウクライナ民族の家（ウクライナ・クラブ）

Украïноький Національний Дім

【出典】『満洲通信』42（51号）、1933年11月18日、3面。

ている。１月６日号の「ハルビンのウクライナ人組織の日本軍事使節への訴え」
はロシア語で書かれている。他の記事はウクライナ語で書かれているので、ハ
ルビン特務機関関係者が読むことを想定したためと思われる。ウクライナ民族
主義的な啓蒙活動を行ったプロスヴィータ協会ハルビン支部、ウクライナ移民
連盟、ウクライナ青年連盟「緑の楔」、ウクライナ教員連盟の４団体の代表者の
連名である。内容は、ロシア・ファシスト系の新聞『ナーシ・プーチ』21、22、
23、26号に掲載された「挑発的な記事」に対する抗議声明である。ロシア人側
の主張は不明だが、少なくともハルビンのロシア人とウクライナ人の間で緊張
関係があったことが窺える。

　３月31日号の１面ぶち抜き記事は、３月25日のハルビン放送局におけるウク
ライナに関するラジオコンサートについてである。「極東初」の快挙として報じ
られ、その放送内容は、タラス・シェフチェンコの特集で、『遺言』を始め４つ

の合唱、2つの独唱、3つの報告、朗読などが含まれ、スヴィットも「アジアのウクライナ人」という題で話している。

6月23日号に、ハルビンのプロメテイ・クラブについての記事が掲載されている。1932年の夏頃、ハルビンのウクライナ人、タタール人、グルジア人の間でプロメテイ・クラブを組織するというアイデアが出された。これはギリシャ神話のプロメテウスを専制的な権威への抵抗の象徴として、ユゼフ・ピウスツキがロシア帝国への抵抗やその解体を唱えたプロメテイズムに立脚した団体であった。たびたび準備会合が催され、憲章が承認され、理事会が設けられた。プロメテイ・クラブの本部の許可を経て1932年11月11日に正式に設立された。同クラブを通じてウクライナ人、タタール人、グルジア人の関係が強化された[35]。

8月27日号には、ハルビン特務機関長であった小松原道太郎少将の送別会が20日に日満倶楽部で開催されたことが報じられている。『満洲通信』を代表してスヴィットが招待された。同紙とハルビン特務機関との蜜月関係を窺わせる内容である。

1面記事で、満洲の国内情勢について報じられることは『満洲通信』の発行期間を通じて多くはなかったが、3月3日号では、溥儀の皇帝即位を祝う記事、9月29日号では「来たる満洲帝国の新時代」と題した好意的な評論が掲載されている。

この年の1面に頻繁に登場したのは『ナタールカ・ポルターウカ』についてである。10月8日にはウクライナ民族の家で400名ほどの観客を集めてイヴァン・コトリャレウシキー原作の戯曲として上演[36]、12月23日にはミコラ・リセンコ作曲のオペレッタが上演された[37]。また、1935年からキエフ映画製作所（ウクラインフィルム）によって映画制作が始まることも報じられている[38]。

1934年には写真付きの記事が3つのみで、タラス・シェフチェンコの肖像のほか、全ウクライナ人極東会議の組織者の一人であったドミトロ・ボロヴィクに関するもので、ハルビンのウクライナ人の生活が分かるものはなかった。

英語記事の事例も紹介しておきたい。1月20日号の「ソヴェト・ロシアのウクライナ人——労働者の天国における飢饉」と題された記事は、ロンドンに所在したロビー団体ウクライナ・ビューローから発信されたものである[39]（図4-13）。

図4-13 英語記事の例：「ソヴェト・ロシアのウクライナ人──労働者の天国の飢饉」

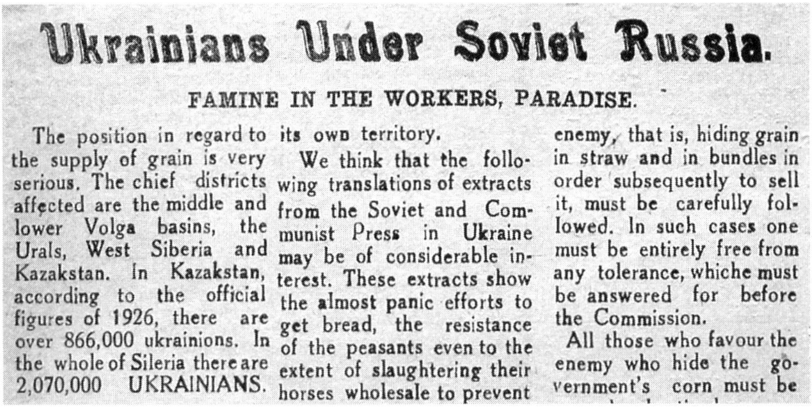

Ukrainians Under Soviet Russia.

FAMINE IN THE WORKERS, PARADISE.

The position in regard to the supply of grain is very serious. The chief districts affected are the middle and lower Volga basins, the Urals, West Siberia and Kazakstan. In Kazakstan, according to the official figures of 1926, there are over 866,000 ukrainions. In the whole of Sileria there are 2,070,000 UKRAINIANS.

its own territory.

We think that the follo-wing translations of extracts from the Soviet and Com-munist Press in Ukraine may be of considerable in-terest. These extracts show the almost panic efforts to get bread, the resistance of the peasants even to the extent of slaughtering their horses wholesale to prevent

enemy, that is, hiding grain in straw and in bundles in order subsequently to sell it, must be carefully fol-lowed. In such cases one must be entirely free from any tolerance, whiche must be answered for before the Commission.

All those who favour the enemy who hide the go-vernment's corn must be

【出典】『満洲通信』2（58号）、1934年1月20日、3面。

ソ連系メディアの記事も引用しつつ、ヴォルガ川下流域、西シベリア、カザフスタンで飢饉が発生し、そこに居住する207万人あまりのウクライナ人が苦境にあるとされている。ソ連政府の援助はあるものの実効性が疑わしいとされるとともに、ウクライナでは集団化によって農民が抑圧されているとの内容である。この時点では、ウクライナで大規模な飢饉が発生しているとの明確な記載はなかった。

（4）1935年【1号（93号、1月1日、火曜日）～33号（125号、12月16日、月曜日）】

1935年は、月曜日6回、火曜日6回、水曜日1回、木曜日2回、金曜日2回、土曜日8回、日曜日3回と発行日がまったく定期的ではない。スヴィットは1935年頃から日本当局の検閲が厳しくなったと述べており、不定期発行の大きな理由であったと思われる。他の理由としては、1935年はハルビンのウクライナ人コミュニティの統合が模索された時期であり、その会合や集会の前後に合わせて発行されたとも考えられる。またウクライナ人居留民会設立の動きが出た年でもありスヴィットも深く関与していたことも影響を与えたかもしれない。

1935年5月（4月と誤植）19日号によれば「満洲帝国ウクライナ人居留民会」

第4章　『満洲通信』に見るハルビンのウクライナ人　1932-1937年　　117

の設立総会が同日にウクライナ民族の家で開催予定であった。しかし、次号（5月25日発行）では、その結果は1面記事ではなく、2面の「世界のウクライナ人の暮らし」のあと、3面に「世界のウクライナ人の暮らし」の欄に副題で「1935年5月19日（日曜日）の満洲国（ハルビン）におけるウクライナ人居留民会の構成員会議」として掲載されている。満洲国外交部が編纂した「満洲のウクライナ人」によれば、この総会ではウクライナ独立派と帝政ロシア復興派が、組織の方針を巡って対立し、思ったような成果は得られなかった[40]。それを示すように、記事には「ウクライナ人居留民会は火薬庫の上に」との小見出しが付けられている。

　海外で活発化するウクライナへの支援活動についての記事も増えている。イギリス・ウクライナ委員会[41]が、16日にロンドンのサヴォイ・ホテルでレセプションを開催し、デイリーメール、タイムズ、モーニングポスト各紙を始めとするイギリスの主要メディアも集まる中で発足したことが4月19日号1面で大きく取り上げられている。

　9月8日号には「歴史的な出来事」との見出しが打たれている。記事の内容は、ロシア帝国の鉄道敷設から35年を経て、大連からハルビンまで運転区間が到達したことである。9月1日午前には「超特急アジア号」が大連から到着した。スヴィットは南満洲鉄道関係者との繋がりが深く、鉄道への関心の高さが窺える。

　1934年に引き続き、ハルビンのウクライナ人が、日本人や他の少数民族とも関係を深めようという動きもあった。まず、ウクライナ民族の家では、初めての日本語クラスが開講された（図4-14）。主催はウクライナ移民連盟で、初回は3月18日月曜日の夜、週3回開講され、1回の講義は90分、費用は無料であった。スヴィットによれば、講師は2人の日本人で、そのうちの1人はウクライナの問題に関心があるジャーナリストで、のちにウクライナ語を学んだ[42]。

　写真が入ったのは9記事、そのうちペトリューラなどの肖像写真、またカザフ系ソ連政治家で外交官のナジル・テュリャクロフが東京モスクの初代イマームを務めたアブデュルレシト・イブラヒムが一緒に写った写真を使ってコミンテルンの活動実態について書かれた記事を除いて、ハルビンのウクライナ人の生活が分かるものは1記事である。1935年、ハルビンにはウクライナ青年連盟

図4-14 「日本語クラス」

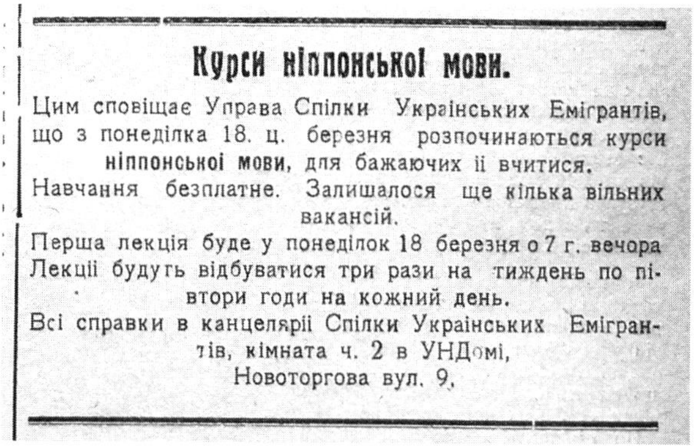

Курси ніппонської мови.

Цим сповіщає Управа Спілки Українських Емігрантів,
що з понеділка 18. ц. березня розпочинаються курси
ніппонської мови, для бажаючих її вчитися.
Навчання безплатне. Залишалося ще кілька вільних
вакансій.
Перша лекція буде у понеділок 18 березня о 7 г. вечора
Лекції будуть відбуватися три рази на тиждень по пі-
втори годи на кожний день.
Всі справки в канцелярії Спілки Українських Емігран-
тів, кімната ч. 2 в УНДомі,
Новоторгова вул. 9.

【出典】『満洲通信』7号（99号）、1935年3月16日、1面。

図4-15　ウクライナ青年連盟の会合

Група молоді на сходинах 8-7 ц. р.

【出典】『満洲通信』27号（119号）、1935年10月10日、2面。

（Спілка Української Молоді, СУМ）とウクライナ青年組織「緑の楔」があった[43]。1935年10月10日号に掲載された「ウクライナ青年連盟の暮らし」では、それまで2つ存在していた青年組織を統合することが6月28日に決定し、7月6日にはプロメテイ・クラブやグルジア系クラブも招いて会合を催した。またその主な活動はプロスヴィータ協会とも協力して文化的な教育活動を行うことであった（図4-15）。

（5）1936年【1号（126号、1月1日、水曜日）～46号（170号、12月27日、日曜日）】

この年は前年と違い1、2号を除きすべて日曜日に発行され、安定した経営環境が窺える。

1936年の紙面にはプロスヴィータ協会の活動に関するものが多く、7記事が1面に掲載されている。1月16日には「次に何が？」というプロスヴィータ協会主催の報告会が開催された[44]。1935年5月の居留民会設立などにも触れ、満洲でのウクライナ人がどの道を進むべきかが話し合われた。1月23日に「マサリクのプロスヴィータ思想」という題で報告会[45]、4月30日には「愛国心」という題の集会[46]、5月31日にはコンサート開催[47]など様々な文化的活動が行われたことが分かる。ハルビンのプロスヴィータ協会がウクライナ人の日常の教育や文化活動に果たした役割の大きさが窺える。また、12月6日号では「プロスヴィータの母に栄光あれ」と称され、ウクライナ人居留民会が内部対立を抱える中でプロスヴィータ協会の活動が、この時期のハルビンのウクライナ人に大きな影響があったことが分かる。

1935年5月に、不安定なまま結成されたウクライナ人居留民会であったが、5月17日号、6月7、14、21日号には居留民会総会を前に団結を訴える記事があり、6月18日に総会が開かれ、Ф・ザイカ、В・フェドレンコ、Ю・ロイらが新ラーダ（指導部）に選出された[48]。1935年以降、多くの号数でウクライナ人居留民会関連記事が掲載されているが、その総会の議事や具体的な発言、あるいは写真は掲載されていない。11月15日号に「ユダとユダ」と題された評論が掲載され、満洲のウクライナ人の立場の違いや「ウクライナ人のユダ」との表現で内部対立が示唆されている[49]。

8月16日号では、ウクライナ人学校の計画が進まないと書かれている。ウク

図4-16 「ウクライナ出版の展覧会」（写真左はイヴァン・スヴィット）

Виставка укр. преси в УНДомі.

Виставка української преси.

【出典】『満洲通信』31号（155）号、1936年9月13日、2面。

ライナ民族の家では、15〜20名ほどのウクライナ人生徒のための予算が計上されているものの、ハルビンの何千ものウクライナ人に対しては不十分であり、開学に向けてウクライナ人の具体的な行動と支援を求めている。

　1936年のハルビンのウクライナ人コミュニティでも話題となったのは映画『ナタールカ・ポルターウカ』の制作開始である。1934年の紙面でもソ連版の制作が話題となったが、10月11日号ではウクライナ人のヴァシル・アブラメンコとアメリカ人のエドガー・G・ウルマーが共同監督で9月2日からクランクインしたことが報じられている[50]。

　この年初めて掲載された追悼行事があった。11月22日号には、同日にウクライナ民族の家で、1921年11月21日のジトミール州のバザール村でウクライナ人民共和国軍の359名の兵士が赤軍に銃殺されたことに対する追悼集会が開催され

ることを報じている(51)。

12月6日号には満洲国がイタリアに承認されたこと、13日号には「ウクライナの立場～日独同盟とウクライナ」との題の評論と、日満の外交政策に関わる記事が続けて掲載されている。後者はこれまでの宇独関係も振り返りつつ、日独同盟がコミンテルンとの闘いに対する光であるとまとめている。

1936年の『満洲通信』にウクライナ人の暮らしが分かる写真入りの記事は1点のみで、9月13日号に「ウクライナ出版の展覧会」と題された記事である（図4–16）。スヴィットによれば、1936年8月25日、ウクライナ青年連盟は、秋のパーティーを開いた。その際に、ロシア革命以来のウクライナ出版物の90以上のコレクションが展示され、その後、『満洲通信』編集部に引き渡された(52)。

（6）1937年【1号（171号、1月3日、日曜日）～30号（200号、8月8日、日曜日）】

この年も全号日曜日に発行されており、安定している。検閲が受けられず販売できなかった最終号の200号は、8月8日発刊であった。

この年の1面記事には評論が多い。その内容は、1月17日号の「伝統の退色」ではウクライナ・アイデンティティーやウクライナ人の間の祖国愛が薄れていると論じ、7月4日号、11日号では「年配者が若者に語る」と題して、年配の識者からの投稿を掲載し、その内容は若い世代のウクライナ人意識の希薄化を危惧するというものであった。一方、ウクライナ文化の活動も継続して行われている。2月11日に、ウクライナ民族の家で、『ナタールカ・ポルターウカ』のオペレッタが上演され大成功を収めた(53)。

3月21日号に掲載された「人民の革命20周年」と題された評論は、ハルビンのウクライナ人のメンタリティーを知る上でも興味深い。1917年の2月革命を、ロシア帝国を倒し、ウクライナの独立をもたらした人民による革命と評価し、一方、10月革命を起こした社会主義者、共産主義者、ボリシェヴィキによって作られたソ連は、ロシア帝国の後継国家で抑圧的であると断罪している。またロシア移民とウクライナ人の差異も強調しながら、「ウクライナ国家の復活を信じる」と結んでいる。

1937年には、満洲外のウクライナ人組織などとの連絡も活発化していた。トルコのウクライナ人居留民会のM・ザベーロ会長からの新年を祝う電信が「満

洲通信編集者イヴァン・スヴィット」宛に届いた[54]。「重大な出来事」として報じられたのは1937年6月13日号の「ジョージ6世の電信」である。ジョージ6世の即位に対して、上海のウクライナ人居留民会が祝電を送ったところ5月15日にジョージ6世、エリザベス王妃連名での返電が返ってきた。

なお、1937年には写真が掲載された記事はない。

4 むすび

満洲のウクライナ・ディアスポラについて一次史料を用いた研究は、ウクライナにおいてもほとんど行われていない。本章では、『満洲通信』を用いて、ハルビンを中心に満洲のウクライナ人の実態を分析した。そこから浮かび上がってきたのは、ハルビンには、これまで一括りにされていた「白系露人」の中に、ウクライナ人の一大コミュニティが存在していた可能性である。様々なウクライナ文化行事や親睦活動が行われ、また、グルジア人を始めとする他の在満少数民族との連携も活発であった。それは、ハルビンのロシア人社会や白系露人事務局周辺とは、まったく異なるもう一つのストーリーと言ってもよい。満洲国、そしてその背後にいる日本当局によって、ウクライナ問題の研究が詳細に行われていたことからもその勢力と影響力の大きさが窺える。

一方、『満洲通信』の評論などから、ハルビンのウクライナ人社会では、個々人や団体によってその民族意識に大きな温度差があったことも分かった。1935年以降、多くの号で1面を飾ったウクライナ人居留民会であるが、その総会の議事や具体的な発言などについてはほとんど報じられておらず、ハルビンのウクライナ人社会の最大勢力であったとは言い切れない。またウクライナ移民連盟といった類似の組織も影響力があったことから、ハルビンのウクライナ人社会は一体ではなかったと考えられる。

ハルビン特務機関が、検閲が難しいウクライナ語の新聞の発刊を許していたことは、非常に興味深い。当初『満洲通信』がロシア語のみで発刊していたのは、検閲を行った満洲・日本当局への配慮と思われるが、その後はウクライナ語の記事がほとんどである。そこからは少なくとも1937年まで、ハルビンの民族意識の高いウクライナ人と日本当局が密接な関係にあったことが窺える。

『満洲通信』の紙面には満洲国についての記事は多くはないものの、溥儀の即位や帝政への賞賛が掲載され、そこからは満洲国民としてのウクライナ人といった意識も垣間見える。たとえ日本の傀儡国家であっても、ロシアでも中国でもない満洲国で、ウクライナ独立を夢見て力強く生きるウクライナ人が多数いた。また、それぞれの思惑は異なるが、堀江一正を始めとして彼らの活動を陰ながら支えた多くの日本人もまた存在していたのである。

注

(1)　Чорномаз В. Зелений Клин (Український Далекий Схід) / В'ячеслав Чорномаз. – Владивосток: Видавництво Далекосхідного федерального університету, 2011.　なお、本章の執筆にあたって、ビャチェスラフ・チョルノマズ氏に在米ウクライナ自由科学アカデミー所蔵の『満洲通信』の全画像を提供いただいた。ここに記して謝意を表したい。

(2)　Шевченко О. М. Український Харбін / ГОЛОВНАПУБЛІКАЦІЇ ЖурналУкраїна–Китай N3(9) 2017.

(3)　イヴァン・スヴィットについての研究は、近年、ウクライナでも現れ始めている。Лах Р. Японія у житті та науково-публіцистичній спадщині Івана Світа (1897–1989) // Вісник Львівського університету. Серія філологічна. – 2017.　また、日本語で読めるものとしては、以下のエッセーがある。中井和夫「アメリカのなかのウクライナ、そして日本」『窓』45号、ナウカ、1983年。オリガ・ホメンコ「東アジアのなかのウクライナ　イワン・スヴィットの足跡をおって」『ロシア文化通信 群 GUN』54号、2019年。

(4)　ハルビンの表記については、カタカナの場合はハルビンとし、漢字については、出典や当時の団体名に準拠して記載する。

(5)　Світ І. Українсько-японські взаємини 1903–1945... – С. 111.

(6)　紙面の広告などから考えると、華豊印刷局で印刷されたようである。『満洲通信』12号（137号）1936年 5 月 3 日、 4 面に広告がある。

(7)　Світ І. Українсько-японські взаємини 1903–1945... – С. 120.

(8)　『ディロ』（«Діло»：要務）はガリツィア地方を代表する新聞であり、最も古いウクライナ語の日刊紙。ディロは1880年から1939年にかけてリヴィウで出版された。ロシアによるガリツィア占領時（1914–15）、およびウクライナ軍の撤退後のポーランドによるリヴィウ支配（1918年11月29日から1920年）の間は発行が中断された。前者の間、ディロはウィーンで短期間、毎週発行された。1939年 9 月 1 日の第二次世界大戦勃発後、ソ連軍がリヴィウに入った後に編集部が閉鎖された。Canadian Institute of Ukrainian Studies, Internet Encyclopedia of Ukraine, （URL: http://www.encyclopediaofukraine.com/display.asp?linkpath=pages%5CD%5CI%5CDiloIT.htm　最終閲覧日：2020年 5 月12日）。

(9) 『トルィーズブ』紙（«Тризуб»：三叉戟）。1925年10月15日から1940年までパリで発行された政治、市民、歴史、文化の週刊誌（全705号）。ウクライナ人民共和国亡命政府の非公式機関紙。Canadian Institute of Ukrainian Studies, Internet Encyclopedia of Ukraine,（URL: http://www.encyclopediaofukraine.com/display.asp?linkpath =pages%5CT%5CR%5CTryzubIT.htm　最終閲覧日：2020年5月11日）。

(10) 『スヴォボーダ』紙（«Свобода»：自由）。1897年から1919年と1922年から39年にリヴィウで発行された政治経済問題の新聞。ディロに次いで、ガリツィアで最も長く続いたウクライナ語新聞。発行部数は、1897年に1850、1912年に6500、1913年に9500、1917年に8500、1930年に2350であった。Canadian Institute of Ukrainian Studies, Internet Encyclopedia of Ukraine,（URL: http://www.encyclopediaofukraine.com/display .asp?linkpath=pages%5CS%5CV%5CSvobodaLvivIT.htm　最終閲覧日：2020年5月12日）。

(11) 『満洲通信』30号（122号）、1935年11月7日、3面。

(12) Світ I. Українсько-японські взаємини 1903–1945... – C. 187.

(13) Там само... – C. 153.

(14) Там само... – C. 247.

(15) 例えば、南満洲鉄道関係者の場合は以下の史料を確認した。南満洲鉄道編『職員録：大正15年7月1日現在』、『職員録：昭和2年7月1日現在』、『職員録：昭和3年1月1日現在』、『職員録：昭和4年3月1日現在』、『職員録：昭和5年8月1日現在』、『職員録：昭和6年9月1日現在』、『社員録：昭和8年9月1日現在』、『社員録：昭和9年9月1日現在』、『社員録：昭和9年9月1日現在』、『社員録：昭和10年12月1日現在』、『社員録：昭和10年12月1日現在』。なお、表4-1には今後の研究の参考として、本書の対象である1937年以降も含めている。確定できなかったが可能性がある氏名や事項については付記欄に疑問符をつけた。

(16) ウクライナ民族の家は、シェフチェンコ兄弟商会のイヴァン・シェフチェンコらの支援を受けて、1918年に建設が始まり1920年に完成した。Світ I. Українсько-японські взаємини 1903–1945... – C. 111. ノヴォトルゴーバヤ通（新商務街、義州街）9番地にあり、日本総領事官邸の向かいにあった。現在、同地にはハルビン第17中学校（果戈里大街319号）が建っている。

(17) Світ I. Українсько-японські взаємини 1903–1945... – C. 142. なお、東京外国語学校露語科の先輩でもあった古澤幸吉によれば、大澤隼は「国士的タイプ」であり、昭和初期の国家改造主義運動のリーダーであった西田税を財政的に支援するため、1934年9月頃に旅順要塞で、日露戦争の際にロマン・コンドラチェンコ将軍が埋めたとされる金塊を掘り出そうとした。二・二六事件の際には西田や北一輝に資金を提供した容疑で、南満洲鉄道社員でロシア研究者の嶋野三郎らとともに哈爾濱憲兵隊に拘束され取調べを受けた。大澤の子女である河合静子氏によれば、大澤は東京で二・二六事件の取調べを受け保釈後、一度ハルビンに戻り、古澤幸吉に『ハルビンスコエ・ウレーミヤ』紙を引き継ぎ、嶋野とともにパリとロンドンへ向かった。その後、北京で華北交通株式会社の参与として調査3課に勤務し、終戦まで総裁の宇佐美寛爾が住む予定であった第2公邸に住んだ。戦後は、嶋野の住む東京の阿佐ヶ谷にロシア料理店「ミシカ」を開いた。JACAR（アジア歴史資料センター）Ref. C01003113700

（第1〜4画像）「旅順金塊問題の件／昭和11年　陸満密綴4.12–4.22」（防衛省防衛研究所）。古澤幸吉著、古澤陽子編『古澤幸吉自叙伝「吾家の記録」——村上・厚岸・東京・ハルビン』古澤隆彦発行、2016年、237〜238頁。東京陸軍軍法会議予審官陸軍法務官作成「大澤隼、島野三郎、二・二六事件に関する件照会（作成日1936年6月5日）」『オンライン版二・二六事件東京陸軍軍法会議録第一部』00373100–0057。

(18)　スヴィットが堀江同様に親しかったと述べた北川鹿蔵については、本書第3章、または「満洲の〈ウクライナ運動〉：忘却された日本・ウクライナ関係史」『アリーナ』20号、2017年を参照。

(19)　ただし、満洲国の官吏名簿では確認できなかった。確認した史料は以下である。満洲国国務院総務庁編『満洲国官吏録：大同2年6月30日現在』1933年、『満洲国官吏録：康徳元年12月1日現在』1935年、『満洲国官吏録：康徳2年12月1日現在』1936年、『満洲国官吏録：康徳2年12月1日現在』1936年、『満洲国官吏録：康徳4年4月1日現在』1937年、『満洲国官吏録：康徳5年4月1日現在』1938年、『満洲国官吏録：康徳6年4月1日現在』1939年、『満洲国官吏録：康徳7年4月1日現在』1940年。

(20)　ミハイル・キリロヴィチ・ポクラドク。のちに赤軍参謀本部諜報局第2部日本課長となった。1938年8月粛清（銃殺）、1957年名誉回復。Расстрелянное поколение: 1937-й и другие годы. Биографический справочник.（URL: http://1937god.info/node/678　最終閲覧日：2020年6月2日）。

(21)　JACAR（アジア歴史資料センター）Ref. B04013111400（第53、54画像）「要視察人関係雑纂／本邦人ノ部　第八巻／12.堀江一正」（外務省外交史料館）。

(22)　最終階級は陸軍少将。俳人目賀田思水としても知られる。陸士第二十四期生会編『追悼録』1962年、26〜27頁。鈴木亨編『帝国陸軍将軍総覧』579頁。

(23)　明治38年3月奉天会戦における沙汰子の戦闘で戦死した歩兵第42連隊長の堀江不可止中佐と思われる。

(24)　堀江は第1大隊第2中隊、目賀田は第3大隊第12中隊であった。帝国聯隊史刊行会編『近衛歩兵第一聯隊史』帝国聯隊史刊行会、1918年、2頁。

(25)　陸士第二十四期生会『追悼録』1962年、25頁。また南満洲鉄道時代の上司であった古澤幸吉が1941年11月、天津の白系露人の情況視察をした際に調査資料を提供している。古澤幸吉著、古澤陽子編『古澤幸吉自叙伝「吾家の記録」——村上・厚岸・東京・ハルビン』245頁。また、古澤幸吉の住所録『新知人名簿』と大澤隼が自身の葬儀のために残したメモによれば、戦後は、少なくとも1950年代前半までは新宿区柏木に居住していたようである。

(26)　『満洲通信』2号（172号）、1937年1月10日、2面。『要視察人関係雑纂』の堀江の妻の名前は「アナスタシヤ・チヤリキナ」、また目賀田は「A女」と書いており、名前と父称のイニシャルは『満洲通信』の記事と一致しない。一方、ハルビンのロシア語新聞『ザリャー』の死亡記事では、「リュドミーラ・フョードロヴナ・ホリエ」と記載されており、『満洲通信』と一致している。Незабытые могилы. Российское зарубежье: некрологи 1917–1997. Том 6. Книга 3. Х-Я. / Рос. Гос. б-ка; сост. В. Н. Чуваков; под ред. Е. В. Макаревич. – М.: Изд-во «Пашков дом», 2007. – С. 88.

(27) Світ I. Українсько-японські взаємини 1903–1945... – C. 333.

(28) 田々宮英太郎『橋本欣五郎一代』芙蓉書房出版、1982年、190〜191頁。

(29) Світ I. Українсько-японські взаємини 1903–1945... – C. 109–111.

(30) Там само... – C. 124.

(31) ハルビン女学校の教員の回顧によれば、女子生徒は1階の他、式典のみ3階のホールを使用した。また、建物裏には運動場としても使用できる広場があった。「哈爾濱高女沿革」、今、ハルビンを語る会編『ハルビン日本人女学校』今、ハルビンを語る会、1997年、24〜26頁。

(32) Світ I. Українсько-японські взаємини 1903–1945... – C. 131.

(33) ただし1933年以降は同商店の広告は掲載されていない。

(34) 外務省情報部編『秘：昭和12年版満洲国及び支那に於ける新聞』外務省、1937年。

(35) Світ I. Українсько-японські взаємини 1903–1945... – C. 116.

(36) 『満洲通信』33号（89号）、1934年10月22日、1面。

(37) 『満洲通信』36号（92号）、1934年12月18日、1面。

(38) 『満洲通信』34号（90号）、1934年11月13日、1面。

(39) Ukrainian Bureau (Українське Бюро). 1931年にウクライナ系アメリカ人ジェイコブ（ヤキフ）・マコヒンによって設立。Ukrainian Bureau Bulletin を発行した。アングロ・ウクライナ委員会の設立にも貢献したが、第二次世界大戦が始まり活動が制限され1940年に閉鎖。Ukrainians in the United Kingdom Online encyclopaedia（URL: http://www.ukrainiansintheuk.info/eng/03/ukrbureau31-e.htm　最終閲覧日：2020年5月8日）。

(40) 岡部「満洲における〈ウクライナ運動〉」151〜152頁。

(41) Anglo-Ukrainian Committee (Англо-український комітет). 1935年から1938年まで存在した非公式の組織で、イギリスの自由主義的な政治家とウクライナを支援する活動家などで構成された。Ukrainians in the United Kingdom Online encyclopaedia（URL: http://www.ukrainiansintheuk.info/eng/03/aucomm1935-e.htm　最終閲覧日：2020年5月4日）。

(42) Світ I. Українсько-японські взаємини 1903–1945... – C. 153.

(43) Там само... – C. 205.

(44) 『満洲通信』3号（128号）、1936年1月19日、1面。

(45) 『満洲通信』4号（129号）、1936年1月26日、1面。

(46) 『満洲通信』12号（137号）、1936年5月3日、1面。

(47) 『満洲通信』13号（138号）、1936年5月10日、1面。

(48) 『満洲通信』19号（143号）、1936年6月21日、1面。なお『東亜政情』の1935年のウクライナ人居留民会の指導部名簿と比べれば半数ほどが交代している。

(49) 『満洲通信』40号（164号）、1936年11月15日、1面。

(50) 『満洲通信』35号（159号）、1936年10月11日、1面。

(51) 『満洲通信』41号（165号）、1936年11月22日、2面。

(52) Світ I. Українсько-японські взаємини 1903–1945... – C. 206.

(53) 『満洲通信』11号（181号）、1937年3月14日、1面。

(54) 『満洲通信』3号（173号）、1937年1月17日、1面。

第5章 ハルビンのウクライナ人社会と商業活動
──『満洲通信』の広告を通じて──

1 はじめに

ハルビンで発行されていたウクライナ語の週刊新聞『満洲通信』には様々な商業広告が掲載されている。本章の目的は、その分析を通じて、ハルビンのウクライナ人社会と商業活動の実態を解明することである。

ハルビンのウクライナ人の商業活動の実態について、先行研究は存在しない。理由は、これまで白系ロシア人とウクライナ人を分けて研究されること自体がなかったためである。一方、白系ロシア人の研究の中でハルビンのウクライナ商人が取り上げられることはあった。例えば、『満洲通信』に商業者として最も多くの広告を掲載したセルゲイ・ドミトリエヴィチ・タラセンコについては、これまで神戸の「モロゾフ」に関する評伝や研究でも取り上げられてきた。神戸モロゾフ製菓の発展の礎を築いたヴァレンティン・フョードロヴィチ・モロゾフ（以下V・F・モロゾフ）がタラセンコの娘オリガと結婚したことやタラセンコがハルビンで商業活動を展開したことは、研究だけではなく、モロゾフ家を巡るファミリーヒストリーでもたびたび語られてきた[1]。一方、ハルビンでの商売の実態について、具体的には何も分かっていない。

満洲国のハルビンにおいて、ウクライナ語で発行された『満洲通信』は、ウクライナ・ナショナリズムの傾向が強かった。編集者のイヴァン・スヴィットもウクライナ人としての民族意識が高かった。本章では、その『満洲通信』に、どのような事業者が広告を掲載し、またいかなる内容であったのかを見てみたい。そして『満洲通信』の発行期間を通じた広告の傾向を検討することで、ハルビンのウクライナ人社会や商工業者の実態にくわえて、彼らがどのようなメンタリティーを持っていたのかにも迫りたい。

2 『満洲通信』の商業広告

　図5-1は『満洲通信』の各号に掲載された広告数をまとめたものである。作成にあたっては、新年と復活祭を祝う1面広告は、ハルビンのウクライナ系各種団体も掲載するために省き、主に商業広告のみを数えた。また空白は欠号（6号分）である。

　そこから分かるのは1932年創刊直後こそ、少ないもののそこから安定的に広告が掲載されるようになったことである。ところが1935年4月あたりから急激に落ち込み、1936年4月にかけてはほぼゼロの状態が続いている。理由は分からないが、商業広告自体がまったく掲載されていないので、『満洲通信』側の編集方針であったと推測される。また、同時期のハルビンではウクライナ人居留民会設立を中心に、ウクライナ・ナショナリズムが高まりを見せる時期であった。同会設立の際は、ウクライナ独立派と帝政ロシア復興派が、組織の方針を巡って対立し、不安定な運営が続いた[2]。そのような政治状況が、ハルビンのウクライナ商人や関係者から敬遠されたとも考えられる。

　表5-1は、『満洲通信』各号の広告数と業者・業種別広告掲載状況をまとめたものである。各種広告の中から1932年の創刊当初から掲載したタラセンコ商会、ベールィ社交ダンス教室、ボナペティ商店＆カフェの3業者にくわえて映画、ウクライナ人居留民会も取り上げた。その他に医療関係の広告数を医者・歯科医・薬局ごとに数えた。

　ベールィ社交ダンス教室は1933年9月16日号まで39広告、ボナペティ商店＆カフェ（図5-2）は1934年11月13日号まで87広告を掲載し、『満洲通信』発行期間前半ではこの3業者が最も掲載数が多い。ベールィ社交ダンス教室を主催したH・ベールィは、満洲国外交部編「満洲に於けるウクライナ人」の中でハルビンのウクライナ人居留民会の指導部の一人に挙げられ、「ハルビンにおいてウクライナ独立派として有名」であり、「財政的に完全に独立」していた[3]。一方、自身の広告では「サンクトペテルブルクのガブリコフスキー（Н. Л. Гавликовский）教授」[4]の免許皆伝を謳っていた（図5-3）。ロシアとの繋がりを強調していることからは、ときにハルビンのロシア人社会に批判的であった『満

130

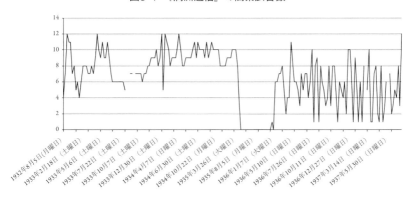

図5-1　『満洲通信』の商業広告数

【出典】『満洲通信』通算番号1号〜200号

（欠号：37号、38号、41号、179号、183号、192号）

※商業広告数には、ウクライナ人居留民会と医療関係者は含めていない。また毎号、『満洲通信』の広告も掲載されているが含めていない。

洲通信』であったが、その商業広告に関しては政治性はあまりなかったと考えられる。また、大半の広告がロシア語であった。

　一方、ウクライナ語の広告を掲載したのは、山東半島産葡萄によるワイン製造を行っていたＢ・Ｃ・オパードチィ・ワイン店である（図5-4）。「自前の貯蔵庫で五年間寝かした山東半島産葡萄のワインです」と書かれている。ワインボトルのラベルを連想させる広告のデザインは、ウクライナの国章トルィーズブ（三叉戟）が使用されており、ウクライナ人としての民族意識が強く感じられる。

　ウクライナ人居留民会の広告であるが、25回のみ掲載し、その大半は、1936年１月から７月までの半年間に集中している。1936年１月からの商業広告が再開された直後から始まっているため、商業者ではないウクライナ人居留民会による広告掲載は、広告収入が途絶えていた『満洲通信』への財政的支援策の意味合いがあったと思われる。

　医療関係の広告は、創刊当初より1935年４月から商業広告が途切れる前まで全号に掲載されている。医師１〜５人、歯科医１〜３人、薬局１〜２人で推移している。治療の際、言葉が通じる医師のほうがよく、『満洲通信』にその情報が

図5-2　ボナペティ商店＆カフェの広告

МАГАЗИН и КАФЕ

Т-ва БОН-АППЕТИТ

КИТАЙСКАЯ № 208-206.

ОБРАТИТЕ ВНИМАНІЕ!

НАШЕ ПРЕДПРІЯТІЕ НЕ БЫЛО ЗАТОПЛЕНО, а потому
БАЦИЛЛЫ и БАКТЕРІИ АБСОЛЮТНО ОТСУТСТВУЮТ, что
важно при существующей эпидеміи. Всѣ отдѣлы и служащіе
находятся ПОД СТРОГИМ НАДЗОРОМ Д-ра ДЖИШКА-
РІАНИ, поэтому везде царит чистота.

Кулинарный отдѣл и кухня находятся под руководством извѣстнаго
шефкулинара И. И. ПУЛИКОВА.

ОТПУСКАЮТСЯ ОБѢДЫ и УЖИНЫ. Цѣны нормальныя.

Играет первоклассная электрола.

【出典】『満洲通信』2号、1932年8月19日、8面。

図5-3　ベールィ社交ダンス教室の広告

Мазурка, вальс и др. рус. и европейскіе танцы.

ФОКСТРОТ, ВАЛЬС, БЛЮС, ТАНГО.

НОВЫЙ ГОРОД. Большой проспект. № 40 уг.
Гиринской. Пріем от 9 утра до 10 вечера.

Совершенно неумѣющіе тонцевать
выучиваются в 4-5 уроков. Плата значительно
понижена.

Н. А. БѢЛЫЙ

Студія награждена дипломом от сту-
діи Императорскаго С. Петербургска-
го Театральнаго училища профессора
Н. Л. Гавликовскаго.
Сущеcтвует в Харбинѣ с 1903 года.
Зарегистрирована в ДМП.

【出典】『満洲通信』3号、1932年8月19日、7面。

図5-4　В・С・オパードチィ・ワイン店の広告

【出典】『満洲通信』3号、1933年2月18日、4面。

図5-5　Такаока и Ко商会
（株式会社高岡號）の広告

【出典】『満洲通信』21号（30号）、
1933年6月24日、4面。

掲載されていたことから、ハルビンのウクライナ人の間でコミュニティ紙として機能していたことが分かる。

　商業広告再開後の全号に掲載されたのは映画広告である。ハルビンのウクライナ人に向け民族意識の高い紙面づくりであった『満洲通信』だが、この時期には娯楽性も必要とされたことが窺える。

　日系と思われる商業広告は一業者だけである。日東紅茶を扱った Таkaoka и Ko 商会である（図5-5）。所在地はスクォーズナヤ（透龍街）4番地で、『哈爾濱商工名録』を確認したところ、「日東紅茶、綿花、建築材料、清酒、穀物輸出」を行った株式会社高岡號であった[5]。社長の相見幸八は賓江製綿配給代理店組合の理事長を務める有力者である[6]。相見は京都府出身で、年少のころ対露貿易で成功を収めていた伯父の谷源蔵に伴ってウラジオストクに行き、対露貿易に従事した。1933年末には、ハルビンに4階建約2300坪、55戸のテナントが入る近代的な高岡ビルを建て、「日本人の誇り」と称された[7]。株式会社高岡號の業態は卸売りであり、『満洲通信』への広告掲載は、ウクライナ系商人との取引を意図していたとも思われる。

　次節では、『満洲通信』に商業者では最も多くの広告を掲載したС・Д・. タラセンコ商会について見てみたい。

表5-1　『満洲通信』各号の広告数ならびに業者・業種別広告掲載状況

号数	発行日	商業広告数	タラセンコ商会	社交ダンス教室	ベールィ＆カフェ	ボナペティ商店	映画広告	ウクライナ人居留民会	医療関係の広告（医師／歯科医／薬局）
1号	1932年 8月 5日（月曜日）	4		○		○			1 / 0 / 0
2号	1932年 8月12日（月曜日）	7		○		○			1 / 0 / 0
3号	1932年 8月19日（月曜日）	12	○	○		○			2 / 0 / 0
4号	1932年 9月27日（月曜日）	11	○	○		○			3 / 1 / 1
5号	1932年10月 7日（金曜日）	11	○	○		○			3 / 1 / 1
6号	1932年10月15日（土曜日）	7	○	○		○			4 / 1 / 0

7号	1932年10月22日（土曜日）	8	○	○	○			4 / 1 / 1
8号	1932年12月12日（土曜日）	5	○	○	○			4 / 1 / 1
9号	1932年12月19日（土曜日）	6	○	○	○			4 / 1 / 1
1号	1933年 1月（日付無、土曜日）	4	○	○	○			5 / 1 / 1
2号	1933年 2月11日（土曜日）	6	○	○	○			5 / 1 / 1
3号	1933年 2月18日（土曜日）	8	○	○	○			5 / 1 / 1
4号	1933年 2月25日（土曜日）	8	○	○	○			5 / 1 / 1
5号（14号）	1933年 3月 4日（土曜日）	8	○	○	○			5 / 1 / 1
6号（15号）	1933年 3月11日（土曜日）	7	○	○	○			5 / 1 / 1
7号（16号）	1933年 3月18日（土曜日）	7	○	○	○			5 / 1 / 1
8号（17号）	1933年 3月25日（土曜日）	8	○	○	○			5 / 1 / 1
9号（18号）	1933年 4月 1日（土曜日）	7	○	○	○			5 / 1 / 1
10号（19号）	1933年 4月 8日（土曜日）	9	○	○	○			5 / 1 / 1
11号（20号）	1933年 4月16日（土曜日）	12	○	○	○			5 / 1 / 1
12号（21号）	1933年 4月22日（土曜日）	10	○	○	○			5 / 1 / 1
13号（22号）	1933年 4月29日（土曜日）	9	○	○	○			5 / 1 / 1
14号（23号）	1933年 5月 6日（土曜日）	11	○	○	○			5 / 2 / 0
15号（24号）	1933年 5月13日（土曜日）	9	○	○	○			5 / 2 / 0
16号（25号）	1933年 5月20日（土曜日）	9	○	○	○			5 / 2 / 0
17号（26号）	1933年 5月25日（木曜日）	11	○	○	○			5 / 2 / 0
18号（27号）	1933年 6月 3日（土曜日）	9	○	○	○			5 / 2 / 0
19号（28号）	1933年 6月10日（土曜日）	7	○	○	○			5 / 2 / 0
20号（29号）	1933年 6月17日（土曜日）	6	○	○	○			5 / 2 / 0
21号（30号）	1933年 6月24日（土曜日）	6	○	○	○			5 / 2 / 0
22号（31号）	1933年 7月 1日（土曜日）	6	○	○	○			5 / 2 / 0
23号（32号）	1933年 7月 8日（土曜日）	6	○	○	○			5 / 2 / 0
24号（33号）	1933年 7月15日（土曜日）	6	○	○	○			5 / 2 / 0
25号（34号）	1933年 7月22日（土曜日）	6	○	○	○			5 / 2 / 0

26号（35号）	1933年 7月29日（土曜日）	6	○	○	○			5 / 2 / 0
27号（36号）	1933年 8月 5日（土曜日）	5	○	○	○			5 / 3 / 1
30号（39号）	1933年 8月26日（土曜日）	7	○	○	○			5 / 3 / 1
31号（40号）	1933年 9月 2日（土曜日）	7	○	○	○			5 / 3 / 1
33号（42号）	1933年 9月16日（土曜日）	7	○	○	○			5 / 3 / 1
34号（43号）	1933年 9月23日（土曜日）	7	○		○			5 / 3 / 1
35号（44号）	1933年 9月30日（土曜日）	7	○		○			5 / 3 / 1
36号（45号）	1933年10月 7日（土曜日）	7	○		○			5 / 3 / 1
37号（46号）	1933年10月14日（土曜日）	6	○		○			4 / 3 / 1
38号（47号）	1933年10月21日（土曜日）	7	○		○			4 / 3 / 1
39号（48号）	1933年10月28日（土曜日）	7	○		○			4 / 2 / 1
40号（49号）	1933年11月 4日（土曜日）	8	○		○			4 / 2 / 1
41号（50号）	1933年11月11日（土曜日）	8	○		○			4 / 2 / 1
42号（51号）	1933年11月18日（土曜日）	9			○			4 / 2 / 1
43号（52号）	1933年11月25日（土曜日）	9			○			4 / 2 / 1
44号（53号）	1933年12月 5日（火曜日）	9	○		○			4 / 2 / 1
45号（54号）	1933年12月16日（火曜日）	10	○		○			4 / 2 / 1
46号（55号）	1933年12月23日（土曜日）	8	○		○			4 / 2 / 1
47号（56号）	1933年12月30日（土曜日）	9	○		○			5 / 2 / 1
1号（57号）	1934年 1月 6日（土曜日）	12	○		○			5 / 2 / 1
2号（58号）	1934年 1月20日（土曜日）	5	○		○			5 / 2 / 1
3号（59号）	1934年 1月27日（土曜日）	12	○		○			5 / 2 / 1
4号（60号）	1934年 2月16日（土曜日）	11	○		○			5 / 2 / 2
5号（61号）	1934年 2月24日（土曜日）	10	○		○			5 / 2 / 2
6号（62号）	1934年 3月 3日（土曜日）	8	○		○			5 / 2 / 2
7号（63号）	1934年 3月10日（土曜日）	9	○		○			5 / 2 / 2
8号（64号）	1934年 3月19日（月曜日）	9	○		○			5 / 2 / 2
9号（65号）	1934年 3月26日（月曜日）	9	○		○			5 / 2 / 2
10号（66号）	1934年 3月31日（土曜日）	10	○		○			5 / 2 / 2

号	日付							
11号（67号）	1934年 4月 7日（日曜日）	12	○		○			5 / 2 / 2
12号（68号）	1934年 4月14日（日曜日）	10	○		○			5 / 2 / 2
13号（69号）	1934年 4月23日（月曜日）	8	○		○			5 / 2 / 2
14号（70号）	1934年 4月28日（土曜日）	8	○		○			5 / 2 / 2
15号（71号）	1934年 5月12日（土曜日）	9			○			5 / 2 / 2
16号（72号）	1934年 5月19日（土曜日）	9			○			3 / 2 / 2
17号（73号）	1934年 5月26日（土曜日）	9			○			3 / 2 / 2
18号（74号）	1934年 6月 2日（土曜日）	9			○			3 / 2 / 2
19号（75号）	1934年 6月 9日（土曜日）	10			○			3 / 2 / 2
20号（76号）	1934年 6月16日（土曜日）	11			○			3 / 2 / 2
21号（77号）	1934年 6月23日（土曜日）	9			○			3 / 2 / 2
22号（78号）	1934年 6月30日（土曜日）	11			○			3 / 2 / 2
23号（79号）	1934年 7月 7日（土曜日）	10			○			3 / 2 / 2
24号（80号）	1934年 7月14日（土曜日）	10			○			3 / 2 / 2
25号（81号）	1934年 7月28日（土曜日）	10			○			3 / 2 / 2
26号（82号）	1934年 8月 6日（月曜日）	9			○			3 / 2 / 2
27号（83号）	1934年 8月11日（土曜日）	11			○			3 / 2 / 2
28号（84号）	1934年 8月27日（土曜日）	9			○			3 / 2 / 2
29号（85号）	1934年 9月10日（月曜日）	10			○			3 / 2 / 2
30号（86号）	1934年 9月17日（月曜日）	11			○			3 / 2 / 1
31号（87号）	1934年 9月29日（土曜日）	10			○			3 / 2 / 1
32号（88号）	1934年10月13日（土曜日）	10			○			3 / 2 / 1
33号（89号）	1934年10月22日（月曜日）	10			○			3 / 2 / 1
34号（90号）	1934年11月13日（火曜日）	10			○			3 / 2 / 1
35号（91号）	1934年12月 8日（土曜日）	8						3 / 2 / 1
36号（92号）	1934年12月18日（火曜日）	8						3 / 1 / 1
1号（93号）	1935年 1月 1日（火曜日）	8						3 / 2 / 1
2号（94号）	1935年 1月 7日（月曜日）	8						3 / 2 / 1
3号（95号）	1935年 1月14日（月曜日）	9						3 / 2 / 1

4号（96号）	1935年 1月21日（月曜日）	9					3／2／1
5号（97号）	1935年 2月28日（土曜日）	9					3／2／1
6号（98号）	1935年 3月 9日（土曜日）	10					3／2／1
7号（99号）	1935年 3月16日（土曜日）	10					3／2／1
8号（100号）	1935年 3月26日（火曜日）	10					3／2／1
9号（101号）	1935年 4月 6日（火曜日）	8					3／2／1
10号（102号）	1935年 4月16日（火曜日）	4					
11号（103号）	1935年 4月28日（日曜日）	0					
12号（104号）	1935年 5月 9日（水曜日）	0					
13号（105号）	1935年 5月19日（日曜日）	0					
14号（106号）	1935年 5月25日（土曜日）	0					
15号（107号）	1935年 6月 2日（土曜日）	0					
16号（108号）	1935年 6月18日（土曜日）	0					
17-18号（109-10号）	1935年 6月29日（土曜日）	0					
19-20号（111-2号）	1935年 7月19日（金曜日）	0					
21-22号（113-4号）	1935年 8月 5日（月曜日）	0					
23号（115号）	1935年 8月17日（土曜日）	0					
24-25号（116-17号）	1935年 9月 8日（日曜日）	0					
26号（118号）	1935年 9月27日（金曜日）	0					
27号（119号）	1935年10月10日（木曜日）	0					
28号（120号）	1935年10月22日（火曜日）	0					
29号（121号）	1935年10月29日（火曜日）	0					
30号（122号）	1935年11月 7日（木曜日）	0					
31-32号（123-4号）	1935年12月 9日（月曜日）	0					
33号（125号）	1935年12月16日（月曜日）	0					
1号（126号）	1936年 1月 1日（水曜日）	1				○	○	

2号（127号）	1936年 1月 7日（火曜日）	1				○	○	
3号（128号）	1936年 1月19日（日曜日）	6				○	○	
4号（129号）	1936年 1月26日（日曜日）	3				○	○	
5号（130号）	1936年 2月 9日（日曜日）	7				○	○	
6号（131号）	1936年 2月16日（日曜日）	7				○	○	
7号（132号）	1936年 3月29日（日曜日）	8	○			○	○	
8号（133号）	1936年 4月 6日（日曜日）	5	○			○	○	
9号（134号）	1936年 4月12日（日曜日）	2	○			○	○	
10号（135号）	1936年 4月19日（日曜日）	4	○			○	○	
11号（136号）	1936年 4月26日（日曜日）	4	○			○	○	
12号（137号）	1936年 5月 3日（日曜日）	11	○			○	○	
13号（138号）	1936年 5月10日（日曜日）	8	○			○	○	
14号（138号）	1936年 5月17日（日曜日）	6	○			○	○	
15号（139号）	1936年 5月24日（日曜日）	6	○			○	○	
16号（139号）	1936年 5月31日（日曜日）	5	○			○	○	
17号（141号）	1936年 6月 7日（日曜日）	3				○	○	
18号（142号）	1936年 6月14日（日曜日）	7				○	○	
19号（143号）	1936年 6月21日（日曜日）	8	○			○	○	
20号（144号）	1936年 6月28日（日曜日）	7				○	○	
21号（145号）	1936年 7月 5日（日曜日）	7				○	○	
22号（146号）	1936年 7月12日（日曜日）	4				○	○	
23号（147号）	1936年 7月19日（日曜日）	6				○	○	
24号（148号）	1936年 7月26日（日曜日）	10	○			○	○	
25号（149号）	1936年 8月 2日（日曜日）	1（1面）				○		
26号（150号）	1936年 8月 9日（日曜日）	8				○		
27号（151号）	1936年 8月16日（日曜日）	9				○		
28号（152号）	1936年 8月23日（日曜日）	1（2面）				○		
29号（153号）	1936年 8月30日（日曜日）	8				○		

30号（154号）	1936年 9月 6日（日曜日）	6	○			○		
31号（155号）	1936年 9月13日（日曜日）	5				○	○	
32号（156号）	1936年 9月20日（日曜日）	3				○		
33号（157号）	1936年 9月27日（日曜日）	4				○		
34号（158号）	1936年10月 4日（日曜日）	8				○		
35号（159号）	1936年10月11日（日曜日）	3				○		
36号（160号）	1936年10月18日（日曜日）	8				○		
37号（161号）	1936年10月25日（日曜日）	8	○			○		
38号（162号）	1936年11月 1日（日曜日）	5	○			○		
39号（163号）	1936年11月 8日（日曜日）	1（1面）				○		
40号（164号）	1936年11月15日（日曜日）	6	○			○		
41号（165号）	1936年11月22日（日曜日）	5	○			○		
42号（166号）	1936年11月29日（日曜日）	4	○			○		
43号（167号）	1936年12月 6日（日曜日）	6	○			○		
44号（168号）	1936年12月13日（日曜日）	2				○		
45号（169号）	1936年12月20日（日曜日）	10	○			○		
46号（170号）	1936年12月27日（日曜日）	10				○		
1号（171号）	1937年 1月 3日（日曜日）	7	○			○		
2号（172号）	1937年 1月10日（日曜日）	1（2面）				○		
3号（173号）	1937年 1月17日（日曜日）	9	○			○		
4号（174号）	1937年 1月24日（日曜日）	5				○		
5号（175号）	1937年 1月31日（日曜日）	1（1面）				○		
6号（176号）	1937年 2月 7日（日曜日）	6				○		
7号（177号）	1937年 2月14日（日曜日）	1（1面）				○		
8号（178号）	1937年 2月21日（日曜日）	8	○			○		
10号（180号）	1937年 3月 7日（日曜日）	5				○		
11号（181号）	1937年 3月14日（日曜日）	10	○			○		

号	発行日	商業広告数					
12号（182号）	1937年 3月21日（日曜日）	1 （4面）				○	
14号（184号）	1937年 4月 4日（日曜日）	7	○			○	
15号（185号）	1937年 4月11日（日曜日）	8	○			○	
16号（186号）	1937年 4月18日（日曜日）	2 （2面）					
17号（187号）	1937年 4月24日（日曜日）	1 （2面）				○	
18号（188号）	1937年 5月 2日（日曜日）	8	○			○	
19号（189号）	1937年 5月 9日（日曜日）	1				○	
20号（190号）	1937年 5月16日（日曜日）	3	○			○	
21号（191号）	1937年 5月23日（日曜日）	6	○			○	
23号（193号）	1937年 6月 6日（日曜日）	7	○			○	
24号（194号）	1937年 6月13日（日曜日）	2 （2面）	○			○	
25号（195号）	1937年 6月20日（日曜日）	3	○			○	
26号（196号）	1937年 6月27日（日曜日）	5	○			○	
27号（197号）	1937年 7月 4日（日曜日）	4	○			○	
28号（198号）	1937年 7月11日（日曜日）	8	○			○	
29号（199号）	1937年 7月18日（日曜日）	3				○	
30号（200号）	1937年 8月 8日（日曜日）	12	○			○	
			99	39	87	73	25

【出典】『満洲通信』通算番号1号～200号（欠号：37号、38号、41号、179号、183号、192号）。

※商業広告数には、ウクライナ人居留民会と医療関係者は含めていない。また毎号、『満洲通信』の広告も掲載されているが含めていない。なお、商業広告は後半の面に掲載されることが多い。極端に少ない号は、後半のページが欠けている場合である。その号については商業広告数の2列目に現存するページ数（面）を記載している。

3   С・Д・タラセンコ商会

『満洲通信』で最も広告が多かったのは200号中99号に掲載したС・Д・タラセンコ商会である。掲載されたタラセンコ商会の広告はロシア語であることからタラセンコの主言語であったと思われる。

経営者のセルゲイ・タラセンコに関しては、ピョートル・ポダルコの研究がある。ポダルコにV・F・モロゾフから提供された元ロシア解放軍（POA）の兵士で反共産主義的な放送局「ラジオ・リバティー」に勤めたオレグ・クラソフスキーの未発表の覚書によれば、タラセンコの経歴は以下のとおりである。セルゲイ・タラセンコ（1880~1981年）はヘルソン州オデーサ郡ベリャコヴォ村出身で、日露開戦後、関東区要塞砲兵第6中隊の砲兵下士官となった。旅順降伏後、捕虜となり、大阪府堺市内の収容所に収容された。帰国後、商店を営むようになり、極東各地や満洲、上海などにも進出し、革命後、ハルビンに移った。日本びいきで、1920年代に日本へも時々通い、パートナーや商売の相手を探したという。1930年代、成功した実業家であったがゆえに誘拐されたこともあり、ハルビンから家族とともに大連へ移った。1949年の中華人民共和国の設立後、彼は大連を去り、神戸でコスモポリタン製菓を営むV・F・モロゾフに嫁いだ娘オリガがいる日本に1958年頃移住した。その後、コスモポリタン製菓に93歳まで勤めた。1975年頃、日露戦争終了70周年を機に、クラソフスキーがタラセンコに旅順防衛戦についてインタビューを行った。1981年に101歳で死亡したタラセンコの墓は神戸市立外国人墓地にあり、その墓碑に「最後のポート・アーサー（旅順）の防衛者」と刻まれている[8]。

タラセンコ商会は、1930年から33年まで発行されたロシア語日刊新聞『哈爾濱日報』«Герольд Харбина» にも広告を掲載している（図5-6）。しかし、少なくとも1931年3月からは広告が掲載されなくなった[9]。

1932年8月19日発行の『満洲通信』3号から継続して掲載されたタラセンコ商会の広告は、当初は『哈爾濱日報』とあまり変わらぬ内容であった（図5-7）。しかし、1934年3月3日から1934年4月23日までは、4角がウクライナの国章トルィーズブ（三叉戟）を意識した意匠に変更されている（図5-8）。一

方、タラセンコ商会の広告の掲載は1934年4月28日号を最後に一時中断した。これはボナペティ商店＆カフェの広告掲載終了より半年も早い。この時期、ハルビンではウクライナ人居留民会設立に向けウクライナ・ナショナリズムが高まった時期であり、タラセンコ商会の広告にもトルィーズブが採用され、その意匠にも影響を与えた。その後、ウクライナ人社会内部の政治的対立から距離を置くため、民族意識の高い『満洲通信』への広告掲載を中断したとも考えられる。また、他の中断した理由として、この時期に大連での事業に本格的に進出した可能性がある。1932年から34年までの広告にはハルビンの所在地だけだが、1936年に広告掲載が再開された際には、大連の「山縣通57番地」の住所も併記されるようになった（図5-9）。一方、同年に出版された『昭和11年版大連商工案内』の「大連商工名録」の飲食料品の区分に同住所の「山縣通57番地」に大連盛進商行（和泉祐二郎）が記載されており、タラセンコは日本直接統治下の関東州にあった大連では共同事業を営んでいた可能性がある[10]。なお、『満洲通信』への広告再開後は、シンプルな元の意匠に戻っている。

　1939年刊行の『哈爾濱商工名録』には、С・Д・タラセンコ商会は、広告とともに収録されている（図5-10）。広告には、大連のほか上海に支店があることが記された。業種は「洋酒・食料雑貨」、属性は「白系」とされている[11]。

　タラセンコは、満洲国外交部の資料にも書かれた「民族的自覚に関しては殆んど無関心の状態」のウクライナ人の一人であり、広告の掲載は、たんなる商業的な意図のみであったかもしれない。しかし、ロシア語新聞『哈爾濱日報』からウクライナ語新聞『満洲通信』への広告掲載の切り替えも見られ、また1936年1月の商業広告再開以後は最も早く掲載し、廃刊まで続いた業者でもあった。これらのことからタラセンコが『満洲通信』に対して好意的であったと考えられる。

図5-6 『哈爾賓日報』のC・Д・タラセンコ商会の広告

С. Д. ТАРАСЕНКО
Китайская № 120. Телефон № 46-27.
К предстоящим праздникам и Новому Году.
Шампанские лучших марок
ВИНА крымские, кавказские и французские.
Коньяки, ликеры и виски.
Боржом, Нарзан, Ессентуки, Дарасун.
Кондитерские товары и варенье московские.
Консервы рыбные, овощные и фруктовые.
Разные гастрономические товары.
Икра паюсная, зернистая и кетовая.
Колбасные изделия лучших фабрик и много других товаров.
Продажа оптом и в розницу.
Цены доступные.

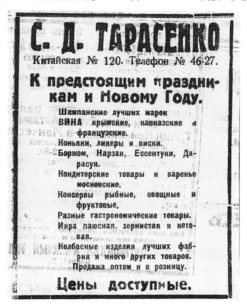

【出典】『哈爾濱日報』293号、1931年12月26日、6面。

図5-7 C・Д・タラセンコ商会の最初の広告

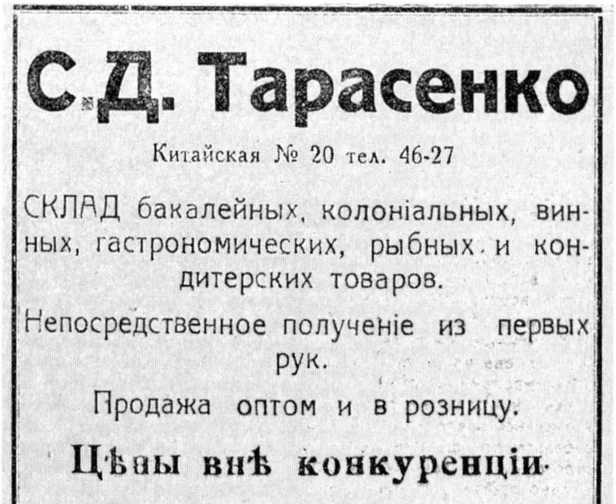
С. Д. Тарасенко
Китайская № 20 тел. 46-27
СКЛАД бакалейных, колоніальных, винных, гастрономических, рыбных и кондитерских товаров.
Непосредственное полученіе из первых рук.
Продажа оптом и в розницу.
Цѣны внѣ конкуренціи.

【出典】『満洲通信』3号、1932年8月19日、4面。

図5-8　С・Д・タラセンコ商会の広告

【出典】『満洲通信』9号（65号）、1934年3月26日、4面。

図5-9　広告再開後の最初の広告

【出典】『満洲通信』7（132）号、1936年3月29日、4面。

図5-10　С・Д・タラセンコ商会の日本語の広告

洋酒食料品卸商

エス・デ・タラセンコ商會

本店ベカナルナヤ街九八號
電話　四六二七番
支店　大連・上海

【出典】哈爾濱商工公会編『哈爾濱商工名録』「外露人之部」、康徳6年（1939年）。

4　むすび

　本章の『満洲通信』の広告の分析からは、同紙がハルビンのウクライナ人の間でコミュニティ紙として機能する一方で、ウクライナ・ナショナリズムの高まりの中で揺れ動くウクライナ人社会や商工業者の実態が浮かび上がってきた。最後にもう一度、要旨をまとめて終わりとしたい。

　『満洲通信』の各号に掲載された広告数は1932年創刊直後こそ少ないものの、そこから安定的に広告が掲載されるようになったが、1935年4月あたりから急激に落ち込み、1936年4月にかけてはほぼゼロとなった。商業広告自体がまったく掲載されていないので、『満洲通信』側の編集方針であったと推測される一方、ハルビンではウクライナ人居留民会設立を中心に、ウクライナ・ナショナリズムが高まりを見せる時期であり同会設立の際は、不安定な運営が続いた。そのような政治状況が、ハルビンのウクライナ系商工業者や関係者から敬遠さ

れたとも考えられる。

　『満洲通信』に掲載された大半の広告がロシア語であった。H・ベールィは、ハルビンでウクライナ独立派として知られていたが、自身の社交ダンス教室の広告ではロシアとの繋がりを強調していた。ときにハルビンのロシア人社会に批判的であった『満洲通信』において、商業広告における政治性はあまりなかったと考えられる。一方、ワイン店の事例ではウクライナの国章トルィーズブが商号に使用されており、ウクライナ人としての民族意識が強く感じられる業者も存在した。

　医者や歯科医、薬局などの情報が掲載されていたことから、『満洲通信』はハルビンのウクライナ人の間でコミュニティ紙として機能していたことが分かる。また、1936年1月の商業広告再開後に映画広告が全号に掲載され娯楽性が高まるとともに、必要とされたことが窺える。

　『満洲通信』に最も多くの広告を掲載したのがС・Д・タラセンコ商会である。広告はロシア語であり、『満洲通信』への広告掲載はたんなる商業的な意図のみであったとも考えられる。一方、商業広告再開以後は最も早く広告を掲載した事業者でもあり、『満洲通信』に対して好意的であったのは間違いない。このようなタラセンコの立ち位置は、当時のハルビンのウクライナ人の間では一般的であったのかもしれない。

注

（1）　ポダルコ・ピョートル『白系ロシア人とニッポン』成文社、2010年。川又一英『大正十五年の聖バレンタイン　日本でチョコレートをつくったV・F・モロゾフ物語』PHP出版、1984年。川又一英『コスモポリタン物語』コスモポリタン製菓、1990年。佐和みずえ『チョコレート物語：一粒のおくり物を伝えた男』くもん出版、2018年。
（2）　満洲帝国外交部編「満洲に於けるウクライナ人」68頁。
（3）　本書第3章表3-1参照。
（4）　Гавликовский, Николай Людвигович（1868年～1922年前後）。バレエダンサー、舞台監督。ロシア国立図書館ウェブサイト（URL: https://search.rsl.ru/ru/record/010036 44831　最終閲覧日：2020年6月13日）。
（5）　哈爾賓商工公会調査科編『康徳6年度哈爾賓商工名録』哈爾賓商工公会、1939年、13頁。
（6）　哈爾賓商工公会調査科編『康徳8年度哈爾賓商工名録』哈爾賓商工公会、1941年、

133頁。

（7）　「国際的に発展する大哈爾賓特別市」『大阪朝日新聞』1934年４月28日。神戸大学経済経営研究所　新聞記事文庫　都市（12-109）（URL: http://www.lib.kobe-u.ac.jp/das/jsp/ja/ContentViewM.jsp?METAID=00749013&TYPE=IMAGE_FILE&POS=1　最終閲覧日：2020年６月15日）。

（8）　タラセンコの経歴については以下を参照した。ポダルコ「戦後に来日した亡命者の〈第三波〉」、『白系ロシア人と日本』130〜133頁。Подалко П.Э. Русская колония в Кобе. Исторический обзор // Известия Восточного института. 1998. № S. C. 218. URL: http://www.cyberleninka.ru/article/n/on-vsegda-byl-polon-idey-p-yu-vaskevich-emigrant-romantik（最終閲覧日：2020年11月15日）。なお、2020年11月に筆者が神戸市立外国人墓地を調査したところ、タラセンコの墓は新しく建て替えられており、「ポート・アーサーの防衛者」とのみ墓標に刻まれていた。

（9）　Герольд Харбина : ежедневная газета на англ. и рус. яз. - Харбин, 1930−1933.（ロシア国立公共歴史図書館Электронная библиотека ГПИБ России　URL: http://elib.shpl.ru/ru/nodes/15390-gerold-harbina-ezhednevnaya-gazeta-na-angl-i-rus-yaz-harbin-1930−1933　最終閲覧日：2020年６月19日）。

（10）　大連商工会議所編『昭和11年度版大連商工案内』1936年、56頁。

（11）　哈爾濱商工公会調査科編『康徳６年度哈爾濱商工名録』「外露人之部：一、物品販売業」1939年、５頁。

終　章

　本書では、日本人がいつウクライナを知り、どのようにウクライナを捉え、1930年代までにいかなる交流が行われていたのかを、これまで使われていない史料を用いて、主に日本、ウクライナ、満洲のハルビンを舞台に検討した。それらの分析から分かったことを、最後にまとめて本書を終えたい。

　多くの日本人がウクライナ文化を目にしたのは、1916年のカルメリューク・カメンスキー・コンスタンティン・レオンティエヴィチの劇団の日本巡業であった。前年にウラジオストクのプーシキン劇場で松井須磨子と共演したカメンスキー劇団は、ウクライナの民族衣装ヴィシヴァンカを着てウクライナ民謡・舞踊を日本で初めて演じた。演目の大半はウクライナ舞踊や音楽であり、オペラや戯曲の上演もウクライナ語で行われた可能性が極めて高い。原語での上演のため観客が理解するには難易度が高いが、作品選びの結果、受けは非常に良く、日本人に強烈な印象を与えた。

　1930年代初頭のウクライナ飢饉、いわゆるホロドモールについて、1934年に出版された吉村忠三の著作ではソ連の強制挑発による飢餓輸出が行われていた実態が紹介されていた。ソ連に居住した正兼菊太が帰国後に、識者との座談会で語った内容には、ウクライナで凄惨な飢饉が発生したことにくわえて、その原因や人肉食についての言及があり、正確に状況が把握されていた。また、その正兼の著作では、「ウクライナの飢饉を見る」との表題が付けられている。そこからは、1935年の時点で、飢饉がロシア南部やカザフスタンなど他のソ連の地域ではなく、ウクライナを中心とするものであったと日本の識者に意識されていたことが分かる。

　これまでいつからウクライナで日本語教育が始まったかはっきりとは分からなかったが、1926年にはハルキウでウクライナ初の日本語教科書がフョードル・プシチェンコによって作成され、またウクライナ東洋研究学会に対しては、在オデッサ日本領事館よりまとまった数の教科書が提供された。カメンスキー劇団の来日、日本の識者によるホロドモール理解、ウクライナでの日本語教科書

作成と日本領事館による支援は、日本人とウクライナ人との出会いの重要な一場面と言ってよいだろう。

　そうして始まった日本人とウクライナ人の交流であるが、1930年代に入り、日本の傀儡国家であった満洲国の外交部は、ウクライナ問題について詳細に調査・研究し、その成果を日本語で出版して正確な理解に努めていた。ハルビンでは、当局から「ウクライナ運動」と称されたウクライナ・ナショナリズムの高まりが起こるとともに、ウクライナ人内部での対立も深まった。日中戦争が始まると日本の政策が一変し、満洲国の日系官僚が入れ替えられる中で、ツラニズムを標榜した北川鹿蔵などウクライナ人に友好的だった日本人は、満洲を去った。また、満洲の日本当局が白系ロシア人の極右君主制主義者やロシア・ファシスト党と密接な連携を取り始め、反ロシア的姿勢をとるのが難しくなった。ハルビンで発行されていたウクライナ語の週刊新聞『満洲通信』も1937年には廃刊に追い込まれた。

　その編集者であったイヴァン・スヴィットの手記と『満洲通信』各号の分析から浮かび上がってきたのは、ハルビンには、これまで一括りにされていた「白系露人」の中に、ウクライナ人の一大コミュニティが存在していた可能性である。様々なウクライナ文化行事や親睦活動が行われ、また、グルジア人を始めとする他の在満少数民族との連携も活発であった。それは、ハルビンのロシア人社会や白系露人事務局周辺とは、まったく異なるもう一つのストーリーと言ってもよい。一方、『満洲通信』の評論などから、ハルビンのウクライナ人社会では、個々人や団体によってその民族意識に大きな温度差があったことも分かった。

　ハルビン特務機関が、検閲が難しいウクライナ語の新聞の発刊を許していたことからは少なくとも1937年までは、ハルビンの民族意識の高いウクライナ人と日本当局が密接な関係にあったことが窺える。日本の傀儡国家であっても、ロシアでも中国でもない満洲国で、ウクライナ独立を夢見て力強く生きるウクライナ人が多数いた。また、ウクライナ人を妻に持ち正教徒でもあった堀江一正を始めとして彼らの活動を陰ながら支えた多くの日本人もまた存在していた。

　『満洲通信』の広告の分析からは、同紙がハルビンのウクライナ人の間でコミュニティ紙として機能する一方で、ウクライナ・ナショナリズムの高まりの中

で揺れ動くウクライナ人社会や商工業者の実像が浮かび上がってきた。神戸モロゾフ製菓の発展の礎を築いたモロゾフ家に娘が嫁いだことで知られるС・Д・タラセンコも広告を掲載した。『満洲通信』への広告掲載はたんなる商業的な意図のみであったかもしれないが、最も多くの広告を掲載した商人であり、『満洲通信』に対して好意的であったのは間違いない。このようなタラセンコの立ち位置は、当時のハルビンのウクライナ人の間では一般的であったのかもしれない。

　ハルビンにおける日本人とウクライナ人の交流は、これまでよく分かっていなかった。スヴィットの手記を除いて、そこに住んでいたはずの人々の口から語られることもなかった。第二次世界大戦後、ウクライナ人を含むハルビンの「白系露人」の多くはソ連に帰り、それを嫌ったウクライナ人は、スヴィットのように世界各地へ散り散りとなった。そして、ソ連崩壊まで日本とウクライナの公的な関係や交流は途絶えることになり、祖国から遠く離れた極東の地におけるウクライナ人と日本人のかつての深い関係も、歴史の狭間に忘れ去られた存在となったのである。

あとがき

　神戸の長老派教会系の幼稚園に通っていた筆者は、帰り道に母親に連れられてモロゾフ・ファミリーが経営していたコスモポリタン製菓のカフェでホットチョコレートを飲むのが日課であった。店が忙しくなると、外国人の老婦人が直接カップを下げてくれることもあった。母から「あの人はモロゾフさんっていうのよ」と教えられ、初めて見る外国人に緊張したのを昨日のことのように覚えている。

　あれから40年あまり。今、六甲山の神戸市立外国人墓地に立っている。目の前にはセルゲイ・タラセンコとオリガの墓がある。幼稚園のときにカフェで見た老婦人は、もしかしてタラセンコの娘オリガ・タラセンコではなかったか。

　20代のとき神戸外国人倶楽部の舞踏会で、オリガの息子のヴァレンティン・ヴァレンティノヴィチ・モロゾフ氏に会ったことがある。人づてに数年前、神戸を去ったと聞いた。あの時、もっと話を聞いておけばよかったと悔やんでならないが、当時ウクライナと何の関係もなかった筆者が聞けたはずもなく、運命的なすれ違いとあきらめかけていた。

　タラセンコの話を書き始めていたときのことである。勤務校の神戸学院大学が出版会を設立するのに合わせて出版補助の公募が始まった。応募の結果、ありがたいことに採択されたが出版期限まであまり時間がなかった。神戸の知人の伝手を頼り、国外にいるモロゾフ家の人々とのコンタクトを模索していた時期で、あきらめかけていたところ、偶然、神戸でチョコレート店を営むバラノフ・キリル氏からタラセンコの孫にあたりサンフランシスコ在住のナタリア・モロゾワ氏の電話番号を手に入れた。その日のうちに恐る恐る電話をし、英語とロシア語で話しかけてみたところ、返ってきたのは流暢な関西弁であった。ハルビンでのタラセンコについて調べていると言ったところ、非常に驚かれた。祖父の思い出などを聞くことができたが、出版までの時間的制約と電話でのインタビューには限界があった。これまで語られることのなかったハルビンでのタラセンコの商業活動やウクライナ社会との関係についてもう少し掘り下げた

かったが、ナタリア氏の肉声が聞けた運命的な幸運に感謝して、現時点で分かっていることをまとめ、最後の章として本書に収録することにした。

　筆者のウクライナ研究のスタイルは、一次史料、同時代の文献、オーラル・ヒストリー、そしてフィールドワークを組み合わせるというものである。多いときは年4回ほど渡航するウクライナ本国は言うまでもなく、「ウクライナの舞手」のヒントを求め岩手の花巻に向かい、農学校教師を辞めた宮沢賢治が自耕し独居生活をしていたという場所にまで行った。本書の関連した最後の訪問地となったであろうハルビンでの調査の準備を行っている矢先にコロナ禍に見舞われ、訪問が叶わなかったのが悔やまれてならないが、今しばらくハルビンでのウクライナ人について調べる運命なのかもしれない。

　本書の執筆にあたっては、日本とウクライナの多くの人々から助言を受けた。まずは現在、イヴァノ・フランキウシク州評議会議長を務めるオレクサンドル・シチ氏に感謝したい。元々大学教員で、ウクライナのボーイスカウト運動「プラスト」史の研究者であったシチ氏がウクライナ副首相在任時の2014年に「イヴァン・スヴィットを読め」と助言してくれたのが、本書執筆の始まりである。シチ氏から頼まれて、ウクライナ語で緑ウクライナやイヴァン・スヴィットについて初めて小論を書いたのは2015年6月であった。本書は、すべての章がこれまでほとんど使われていない一次史料によって書かれているため、スヴィットやフリホリー・クペツィキーの手記以外に史料が見つからなかったウクライナ民族主義者組織と日本の関係については書けなかった。それについてはシチ氏が本学の研究紀要に論文を書いており、そちらに譲るとともに今後の課題としたい。

　本書の執筆に大きな影響を与えたのは、ウラジオストク在住のビャチェスラフ・チョルノマズ氏である。ウクライナ人の出自を持つチョルノマズ氏は沿海州ウクライナ文化協会の創設者であり、ウクライナ語を話す。その彼から日本語でスヴィットに関する最初の論文を書き終えた筆者に、カルメリューク・カメンスキー劇団の日本の足跡について調べてほしいという依頼が突然SNSを通じてきた。なんでもカメンスキーも舞台に立ったウラジオストクのプーシキン劇場が110周年を迎え、その歴史を調べているという。面識もなく、突然の依頼に戸惑ったが、調べ始めてすぐに、カメンスキーの最初の公演地が神戸である

ことを知った。「これは運命だぞ」とチョルノマズ氏は言った。確かにそうだ。公演をした神戸の聚楽館は、子供の頃、祖母宅から歩いて行ける場所にあり、まだ建物が現存していた。カメンスキーが立った舞台を偶然この目で見ていたのである。カメンスキー劇団の調査が終わった後で彼が依頼してきたのが神戸市立外国人墓地に眠るタラセンコの墓についてであった。神戸とウクライナ、そしてそこで生まれ育った筆者を結び付けてくれたのはチョルノマズ氏である。カメンスキー劇団とタラセンコについて一通り調べた内容を知らせたところ、礼として送られてきたのが現存する『満洲通信』の画像であった。それを所蔵している在米ウクライナ自由科学アカデミーは財政的な問題からアーカイブを閉鎖しており、いま見ることのできる唯一の原本である。これなくして本書を完成させることはできなかったので、チョルノマズ氏とは運命の出会いといっても過言ではない。

　イヴァン・スヴィットが編集者であった『満洲通信』を使用した章を一通り書き終えた頃、一冊の私家版に出会った。南満洲鉄道哈爾濱事務所長であった古澤幸吉が終戦直後に書いた手記が2016年に古澤家の人々によって出版された物である。幸吉自身は、ハルビンのウクライナ人コミュニティと直接の付き合いはなかったが、直属の部下は堀江一正と北川鹿蔵であり、彼らについて言及があった。奥付に載っている電話番号に電話したところ、幸吉の孫にあたる古澤陽子氏から折り返し電話があった。幸吉の手記の内容もさることながら、編者の陽子氏による詳細な脚注は並の研究書をはるかに上回るものである。古澤家から提供された写真は、張作霖と思しき人物に始まり、孫文にも認められた奉天派の朱慶瀾将軍を始めとする高級軍人らとの酒宴での写真など日中の近現代史の裏面を知る上でも非常に魅力的な史料であった。その中に、南満洲鉄道哈爾濱事務所やハルビン日本人居留民会関連の写真も多数含まれていた。ただ、個々人の名前は書かれておらず、特定はほぼ不可能と思われたが、そこから毎日のように陽子氏とのやり取りが始まった。こちらが整理した満鉄職員録などと、古澤家所蔵の同一人物が写る写真との照合を重ね、堀江と北川に辿り着いた。陽子氏とのやり取りではこちらも気づかされることが多く、またハルビンを後にした堀江一正の足跡が分かったのも、陽子氏が整理して提供いただいた史料のおかげである。

陽子氏に提供いただいた複数の写真の中で、粋に三つ揃えの背広を着こなす目力の強い男性が最後まで気になっていた。スヴィットが関係した日本人一人ひとりの名前をネット検索するなど、なんとか手掛かりがないかと思っていたところ、かつて古澤幸吉の下で働いた大澤隼の親族にあたる河合智恵子氏と河合泰明氏に行き当たった。大澤の子女である河合静子氏から顔写真を提供いただいたところ、気になっていた紳士が大澤であることが分かった。また、静子氏には92歳と高齢にも拘わらず、筆者のインタビューを受けていただいた。そこで語られた二・二六事件と大澤の関わりやハルビン、パリ、ロンドン、ベルリン、北京と世界を股にかけるその生涯は、一人の日本人から見た知られざる昭和の裏面史といっても過言ではない。引き揚げ後にハルビンでの旧交を温める目的で東京・阿佐ヶ谷にロシア料理店を開業するなど心温まるエピソードも聞いた。本書ではあまり紹介できなかったが、またぜひ稿を改めて書かせていただきたい。

　現在、筆者が会長を務めるウクライナ研究会の会員諸賢からは、これまで様々な知見を得るとともに刺激を受けた。特に副会長の中澤英彦東京外国語大学名誉教授には多くの助言を賜った。ウクライナ国営通信社UKRINFORM記者の平野高志氏との意見交換は常に示唆に富んだ。首都キーウに住み、最もウクライナ語が堪能な日本人の一人である平野氏の知見は、筆者にとって非常に参考となった。本書のウクライナの地名のカタカナ表記については平野氏の著書に基づいている。また平野氏は、筆者にウクライナ語の家庭教師を紹介してくれた。リヴィウ工科大学日本語講師のナディア・ゴラル氏である。まだうまく話せると言えるレベルではないものの、ウクライナ語の知識なしに本書を完成させることはできなかった。ゴラル氏には、オンラインでのウクライナ語講義の最中にも『満洲通信』の記事について様々な質問をし、また助言を受けた。併せて御礼申し上げたい。なお、彼女は現在、本書のウクライナ語への翻訳を進めており、近い将来、ウクライナで出版されるであろう。

　神戸学院大学出版会設立記念出版補助制度に採択していただいた神戸学院大学ならびに同僚にも一言御礼申し上げたい。もともとイギリス経済史が専門の筆者がウクライナにのめり込んでいくのを温かく見守ってくれた。それどころか、ウクライナに同行してくれる教員も多かった。10年を超える支援に改めて

感謝申し上げたい。そして神戸学院大学出版会の設立に情熱をかけた株式会社エピックの奥間祥行氏にも感謝申し上げたい。

　この本は神戸に始まり、神戸に終わる。最初に取り上げたカメンスキー劇団の日本における最初の訪問地が神戸であった。前年、そのカメンスキーとウラジオストクで共演したのは松井須磨子と島村抱月の芸術座の一行であった。須磨子がウラジオストクで敢えて歌わなかった『カチューシャの唄』の映画版は、その前年にトーマス・エジソン唯一の日本人助手であった祖父・岡部芳郎によってエジソンの発声映画機であるキネトフォンを使って撮影された。須磨子を通じて、間接的に祖父がカメンスキーと繋がりがあったように考えると不思議な気持ちになる。また、タラセンコの墓は神戸にある。そして、たまたまウクライナと関係を持った筆者が神戸で生まれ育ち、また神戸の大学で働いており、その大学から出版の運びとなったのもまた運命なのかもしれない。

　本書刊行後に、様々な批判や批評が出よう。また、知られざる情報が寄せられるかもしれない。それらに耳を傾け、本書に手を加えた後に、ウクライナ語版に続いて英語版を出版するつもりである。世界中のウクライナ系の人々に読んでもらい、日本人とのかつての深い関わり合いを知ってもらいたい。日本とウクライナの交流について書き記す旅はまだ始まったばかりである。

2020年11月19日
　3年前、キーウのヴォロディーミル大聖堂でウクライナ正教会の洗礼を受け
　ミハイロ・ボリソヴィチとなった日

　妻有紀、長女眞子、長男礼慈とともに神戸市立外国人墓地にて

　　　　　　　　　　　　　　　　　　　　　　　岡 部 芳 彦

史料・主要参考文献一覧

【史　料】

〈ウクライナ語〉

『満洲通信』«Маньджурський Вістник» (Manchurian Herald)（ロシア語英語、記事を含む）

№ 1	5 серпня 1932 р. (понедіок)
№ 2	12 серпня 1932 р. (понеділок)
№ 3	19 серпня 1932 р.(понеділок)
№ 4	27 вересня 1932 р.(понеділок)
№ 5	7 жовня 1932р. (п'ятниця)
№ 6	15 жовтня 1932 р.(субота)
№ 7	22 жовня 1932 р. (субота)
№ 8	12 грудня 1932 р. (субота)
№ 9	19 грудня 1932 р. (субота)
№ 1	Січень 1933 р. (без конкретної дати, субота)
№ 2	11 лютого 1933 р. (субота)
№ 3	18 лютого 1933 р. (субота)
№ 4	25 лютого 1933 р. (субота)
№ 5 (14)	4 березня 1933р. (субота)
№ 6 (15)	11 березня 1933 р. (субота)
№ 7 (16)	18 березня 1933 р. (субота)
№ 8 (17)	25 березня 1933 р. (субота)
№ 9 (18)	1 квітня 1933 р. (субота)
№ 10 (19)	8 квітня 1933 р. (субота)
№ 11 (20)	16 квітня 1933 р. (субота)
№ 12 (21)	22 квітня 1933 р. (субота)
№ 13 (22)	29 квітня 1933 р. (субота)
№ 14 (23)	6 травня 1933 р. (субота)
№ 15 (24)	13 травня 1933 р. (субота)
№ 16 (25)	20 травня 1933 р. (субота)
№ 17 (26)	25 тпавня 1933 р. (четвер)
№ 18 (27)	3 червня 1933 р. (субота)
№ 19 (28)	10 червня 1933 р. (субота)
№ 20 (29)	17 червня 1933 р. (субота)

№ 21 (30)	24 червня 1933 р. (субота)
№ 22 (31)	1 липня 1933 р. (субота)
№ 23 (32)	8 липня 1933 р. (субота)
№ 24 (33)	15 липня 1933 р. (субота)
№ 25 (34)	22 липня 1933 р. (субота)
№ 26 (35)	29 липня 1933 р. (субота)
№ 27 (36)	5 серпня 1933 р. (субота)
№ 28 (37)	12 серпня 1933 р. (субота)
№ 29 (38)	19 серпня 1933 р. (субота)
№ 30 (39)	26 серпня 1933 р. (субота)
№ 31 (40)	2 вересня 1933 р. (субота)
№ 32 (41)	9 вересня 1933 р. (субота)
№ 33 (42)	16 вересня 1933 р. (субота)
№ 34 (43)	23 вересня 1933 р. (субота)
№ 35 (44)	30 вересня 1933 р. (субота)
№ 36 (45)	7 жовтня 1933 р. (субота)
№ 39 (48)	28 жовтня 1933 р.(субота)
№ 40 (49)	4 листопада 1933 р. (субота)
№ 42 (51)	18 листопада 1933 р. (субота)
№ 43 (52)	25 листопада 1933 р. (субота)
№ 44 (53)	5 грудня 1933 р. (вівторок)
№ 45 (54)	16 грудня 1933 р. (вівторк)
№ 46 (55)	23 грудня 1933 р. (субота)
№ 47 (56)	30 грудня 1933 р. (субота)
№ 1 (57)	6 січня 1934 р. (субота)
№ 2 (58)	20 січня 1934 р. (субота)
№ 3 (59)	27 січня 1934 р. (субота)
№ 4 (60)	16 лютого 1934 р. (субота)
№ 5 (61)	24 лютого 1934 р. (субота)
№ 6 (62)	3 березня 1934 р. (субота)
№ 7 (63)	10 березня 1934 р. (субота)
№ 8 (64)	19 березня 1934 р. (субота)
№ 9 (65)	26 березня 1934 р. (понеділок)
№ 10 (66)	31 березня 1934 р. (субота)
№ 11 (67)	7 квітня 1934 р. (неділя)
№ 12 (68)	14 квітня 1934р. (неділя)
№ 13 (69)	23 квітня 1934 р. (понеділок)

№ 14 (70)	28 квітня 1934 р. (субота)
№ 15 (71)	12 травня 1934 р. (субота)
№ 16 (72)	19 травня 1934 р. (субота)
№ 17 (73)	26 травня 1934 р. (субота)
№ 18 (74)	2 червня 1934 р. (субота)
№ 19 (75)	9 червня 1934 р. (субота)
№ 20 (76)	16 червня 1934 р. (субота)
№ 21 (77)	23 червня 1934 р. (субота)
№ 22 (78)	30 червня 1934 р. (субота)
№ 23 (79)	7 липня 1934 р.(субота)
№ 24 (80)	14 липня 1934 р. (субота)
№ 25 (81)	28 липня 1934 р. (субота)
№ 26 (82)	6 серпня 1934 р. (понеділок)
№ 27 (83)	11 серпня 1934 р. (субота)
№ 28 (84)	27 серпня 1934 р. (субота)
№ 29 (85)	10 вересня 1934 р. (субота)
№ 30 (86)	17 вересня 1934 р. (понеділок)
№ 31 (87)	29 вересня 1934 р. (субота)
№ 32 (88)	13 жовтня 1934 р. (субота)
№ 33 (89)	22 жовтня 1934 р. (субота)
№ 34 (90)	13 листопада 1934 р. (вівторок)
№ 35 (91)	8 грудня 1934 р. (субота)
№ 36 (92)	18 грудня 1934 р. (вівторк)
№ 1 (93)	1 січня 1935 р. (вівторк)
№ 2 (94)	7 січня 1935 р. (понеділок)
№ 3 (95)	14 січня 1935 р. (понеділок)
№ 4 (96)	21 січня 1935 р. (понеділок)
№ 5 (97)	28 лютого 1935 р. (субота)
№ 6 (98)	9 березня 1935 р. (субота)
№ 7 (99)	16 березня 1933 р. (субота)
№ 8 (100)	26 березня 1935 р. (вівторок)
№ 9 (101)	6 квітня 1935 р. (вівторок)
№ 10 (102)	16 квітня 1935 р. (вівторк)
№ 11 (103)	28 квітня 1935 р. (неділя)
№ 12 (104)	8 квітня 1935 р. (середа)
№ 13 (105)	19 квітня 1935 р. (неділя)
№ 14 (106)	25 травня 1935 р. (субота)

№ 15 (107)	2 червня 1935 р. (субота)
№ 16 (108)	18 червня 1935 р. (субота)
№ 17—18 (109—110)	29 червня 1935 р. (субота)
№ 19—20 (111—112)	19 липня 1935 р. (п'ятниця)
№ 21—22 (113—114)	5 серпня 1935р. (понеділок)
№ 23 (115)	17 серпня 1935 р. (субота)
№ 24—25 (116—117)	8 вересня 1935 р. (неділя)
№ 26 (118)	27 вересня 1935 р. (п'ятниця)
№ 27 (119)	10 жовтня 1935 р. (четвер)
№ 28 (120)	22 жовтня 1935 р. (вівторок)
№ 29 (121)	29 жовня 1935 р. (вівторок)
№ 30 (122)	7 листопада 1935 р. (четвер)
№ 31—32 (123—124)	9 грудня 1935 р. (понеділок)
№ 33 (125)	16 грудня 1935 р. (понеділок)
№ 1 (126)	1 січня 1936 р. (середа)
№ 2 (127)	7 січня 1936 р. (вівторок)
№ 3 (128)	19 січня 1936 р. (неділя)
№ 4 (129)	26 січня 1936 р. (неділя)
№ 5 (130)	9 лютого 1936 р. (неділя)
№ 6 (131)	16 лютого 1936 р. (неділя)
№ 7 (132)	29 березня 1936 р. (неділя)
№ 8 (133)	6 квітня 1936 р.(неділя)
№ 9 (134)	12 квітня 1936 р. (неділя)
№ 10 (135)	19 квітня 1936 р. (неділя)
№ 11 (136)	26 квітня 1936 р. (неділя)
№ 12 (137)	3 травня 1936 р. (неділя)
№ 13 (138)	10 травня 1936 р.(неділя)
№ 14 (138)	17 травня 1936 р. (неділя)
№ 15 (139)	17 травня 1936 р. (неділя)
№ 16 (139)	31 тарвня 1936 р. (неділя)
№ 17 (141)	7 червня 1936 р. (неділя)
№ 18 (142)	14 черня 1936 р. (неділя)
№ 19 (143)	21 червня 1936 р. (неділя)
№ 20 (144)	28 червня 1936 р. (неділя)
№21 (145)	5 липня 1936 р. (неділя)
№ 22 (146)	12 липня 1936 р. (неділя)
№ 23 (147)	19 липня 1936 р. (неділя)

№ 24 (148)	26 липня 1936 р. (неділя)
№ 25 (149)	2 серпня 1936 р. (неділя)
№ 26 (150)	9 серпня 1936 р. (неділя)
№ 27 (151)	27 серпня 1936 р. (неділя)
№ 28 (152)	23 серпня 1936 р. (неділя)
№ 29 (153)	30 серпня 1936 р. (неділя)
№ 30 (154)	6 вересня 1936 р. (неділя)
№ 31 (155)	13 вересня 1936 р. (неділя)
№ 32 (156)	20 вересня 1936 р. (неділя)
№ 33 (157)	27 вереня 1936 р. (неділя)
№ 34 (158)	4 жовтня 1936 р. (неділя)
№ 35 (159)	11 жовтня 1936 р. (неділя)
№ 36 (160)	18 жовтня 1936 р. (неділя)
№ 37 (161)	25 жовтня 1936 р. (неділя)
№ 38 (162)	1 листопада 1936 р. (неділя)
№ 39 (163)	8 листопада 1936 р. (неділя)
№ 40 (164)	15 листопада 1936 р. (неділя)
№ 41 (165)	22 листопада 1936 р. (неділя)
№ 42 (166)	29 листопада 1936 р. (неділя)
№ 43 (167)	6 грудня 1935 р. (неділя)
№ 44 (168)	13 грудня 1936 р. (неділя)
№ 45 (169)	20 грудня 1936 р. (неділя)
№ 46 (170)	27 грудня 1936 р. (неділя)
№ 1 (171)	3 січня 1937 р. (неділя)
№ 2 (172)	10 січня 1937 р. (неділя)
№ 3 (173)	17 січня 1937 р. (неділя)
№ 4 (174)	24 січня 1937 р. (неділя)
№ 5 (175)	31 січня 1947 р. (неділя)
№ 6 (176)	7 лютого 1937 р. (неділя)
№ 7 (177)	14 лютого 1937 р. (неділя)
№ 8 (178)	21 лютого 1937 р. (неділя)
№ 10 (180)	7 березня 1937 р. (неділя)
№ 11 (181)	14 березня 1937 р. (неділя)
№ 12 (182)	21 березня 1937 р. (неділя)
№ 14 (184)	4 квітня 1937 р. (неділя)
№ 15 (185)	11 квітня 1937 р. (неділя)
№ 16 (186)	18 квітня 1937 р. (неділя)

№ 17 (187)　　　　　24 квітня 1937 р. (неділя)

№ 18 (188)　　　　　2 травня 1937 р. (неділя)

№ 19 (189)　　　　　9 травня 1937 р. (неділя)

№ 20 (190)　　　　　16 травня 1937 р. (неділя)

№ 21 (191)　　　　　23 травня 1937 р. (неділя)

№ 23 (193)　　　　　6 червня 1937 р. (неділя)

№ 24 (194)　　　　　13 червня 1937 р. (неділя)

№ 25 (195)　　　　　20 червня 1937 р. (неділя)

№ 26 (196)　　　　　27 червня 1937 р. (неділя)

№ 27 (197)　　　　　4 липня 1937 р. (неділя)

№ 28 (198)　　　　　11 липня 1937 р. (неділя)

№ 29 (199)　　　　　18 липня 1937 р. (неділя)

№ 30 (200)　　　　　8 серпня 1937 р. (неділя)

Пущенко Ф.Д. Японська мова: Теоретично-практичний курс : Підручник для вжитку на курсах східних мов ВУНАС / Ф.Д. Пущенко; Всеукраїнська наукова асоціація сходознавців. – Харків, 1926. –22 с.

Світ І. Українсько-японські взаємини 1903–1945 (Історичний аналіз і спостереження) / Іван Світ. – Нью-Йорк : Українське історичне товариство, 1972. – 371 с. – (Серія: Мемуаристика, ч. 3).

〈邦語〉

満洲帝国外交部総務司計画科編『東亜政情』第5巻、満洲帝国外交部、1936年。

明治43年陸軍中央幼年学校本科卒業記念帖、1910年（靖國偕行文庫蔵）。

南満洲鉄道編

　『職員録：大正15年7月1日現在』南満洲鉄道総務部人事課、1926年。

　『職員録：昭和2年7月1日現在』南満洲鉄道総務部人事課、1927年。

　『職員録：昭和3年1月1日現在』南満洲鉄道総務部人事課、1928年。

　『職員録：昭和4年3月1日現在』南満洲鉄道総務部人事課、1929年。

　『職員録：昭和5年8月1日現在』南満洲鉄道総務部人事課、1930年。

　『職員録：昭和6年9月1日現在』南満洲鉄道総務部人事課、1931年。

　『社員録：昭和8年9月1日現在』南満洲鉄道総務部人事課、1933年。

　『社員録：昭和9年9月1日現在』南満洲鉄道総務部人事課、1934年。

　『社員録：昭和9年9月1日現在』南満洲鉄道総務部人事課、1934年。

　『社員録：昭和10年12月1日現在』南満洲鉄道総務部人事課、1935年。

　『社員録：昭和10年12月1日現在』南満洲鉄道総務部人事課、1935年。

陸軍省編

　『陸軍現役将校同相当官実役停年名簿：昭和11年9月1日調』偕行社、1936年。

『陸軍現役将校同相当官実役停年名簿：昭和10年9月1日調』偕行社、1935年。

『陸軍現役将校同相当官実役停年名簿：昭和9年9月1日調』偕行社、1934年。

『陸軍現役将校同相当官実役停年名簿：昭和8年9月1日調』偕行社、1933年。

『陸軍現役将校同相当官実役停年名簿：昭和7年9月1日調』偕行社、1932年。

『陸軍現役将校同相当官実役停年名簿：昭和6年9月1日調』偕行社、1931年。

『陸軍現役将校同相当官実役停年名簿：昭和5年9月1日調』偕行社、1930年。

陸軍省編

『陸軍現役将校同相当官現役停年名簿：大正9年9月1日調』川流堂、1920年。

満洲国国務院総務庁編

『満洲国官吏録：大同2年6月30日現在』国務院総務庁人事処編纂、1933年。

『満洲国官吏録：康徳元年12月1日現在』国務院総務庁人事処編纂、1935年。

『満洲国官吏録：康徳2年12月1日現在』国務院総務庁人事処編纂、1936年。

『満洲国官吏録：康徳4年4月1日現在』国務院総務庁人事処編纂、1937年。

『満洲国官吏録：康徳5年4月1日現在』国務院総務庁人事処編纂、1938年。

『満洲国官吏録：康徳6年4月1日現在』国務院総務庁人事処編纂、1939年。

『満洲国官吏録：康徳7年4月1日現在』国務院総務庁人事処編纂、1940年。

哈爾濱商工公会調査科編

『康徳6年度哈爾濱商工名録』哈爾濱商工公会、1939年。

『康徳8年度哈爾濱商工名録』哈爾濱商工公会、1941年。

大連商工会議所編『昭和11年度版大連商工案内』大連商工会議所、1936年。

外務省情報部編『秘　昭和12年版満洲国及び支那に於ける新聞』外務省、1937年。

JACAR（アジア歴史資料センター）Ref. B02030943700（第28、32画像）

「蘇聯ノ対日赤化工作其他／共産党宣伝関係雑件1」（外務省外交史料館）。

JACAR（アジア歴史資料センター）Ref. B04013004000（第1画像）

「露西亜ファシスト党日本代表出演ノ皇化連盟主催演説会状況関係／国民思想善導教化及団体関係雑件　第一巻」（外務省外交史料館）。

JACAR（アジア歴史資料センター）Ref. B04012389600（第1～7画像）

「各国ニ於ケル協会及文化団体関係雑件／蘇連邦ノ部」（外務省外交史料館）。

JACAR（アジア歴史資料センター）Ref. C01003113700（第1～4画像）

「旅順金塊問題の件／昭和11年　陸満密綴4.12–4.22」（防衛省防衛研究所）。

JACAR（アジア歴史資料センター）Ref. B04013111400（第53、54画像）

「要視察人関係雑纂／本邦人ノ部　第八巻／12.堀江一正」（外務省外交史料館）。

JACAR（アジア歴史資料センター）Ref. C13070983100（第2画像）

「達部隊同隷下部隊／北部軍管区司令部／同隷下部隊将校職員表」（防衛省防衛研究所）。

古澤幸吉関係史料（古澤隆彦氏蔵）。

大澤隼関係史料（河合静子氏蔵）。

〈邦語新聞〉

『読売新聞』　　1901年3月1日〜1902年7月13日。
『読売新聞』　　1915年12月29日。
『神戸又新日報』　1916年5月23日。
『神戸又新日報』　1916年5月26日。
『神戸新聞』　　1916年5月23日。
『神戸新聞』　　1916年5月29日。
『神戸新聞』　　1916年5月25日。
『神戸新聞』　　1916年5月26日。
『朝日新聞』　　1916年6月7日。
『朝日新聞』　　1916年6月13日。
『読売新聞』　　1916年6月17日。
『朝日新聞』　　1916年6月13日。
『朝日新聞』　　1916年6月9日。
『朝日新聞』　　1916年6月18日。
『朝日新聞』　　1916年6月23日。
『朝日新聞』　　1916年7月19日。
『読売新聞』　　1922年7月19日。
『大阪朝日新聞』　1934年4月28日。
『読売新聞』　　1936年8月25日。
『読売新聞』　　1940年9月8日。

〈ウクライナ語新聞〉

Свобода. 28 серпня. Ч.182. Джерсі-ситі, 1953.

〈英語新聞〉

The New York Times, November 15, 1990.

〈ロシア語新聞〉

Герольд Харбина = Harbin Herald : ежедневная газета на англ. и рус. яз. / ред. И. Ленокс-Сим-
　　псона. — Харбин, 1930−1933.

〈同時代文献〉

秋田雨雀・仲木貞一『恋の哀史須磨子の一生：伝記・松井須磨子』大空社、1999年（初
　　版1919年）。
浅野利三郎『ソウエート・ロシヤの歴史地理的研究：資本主義への復帰』世界改造叢書

　　第一編、政教社、1926年。

浅野利三郎『民族史的最新研究日露親善論：東西時論：第八編』通俗大学会、1916年。

浅野利三郎『露西亜民族の新研究：日露同種論』政教社、1924年。

大庭柯公『露西亜に遊びて』大阪屋号書店、1917年。

嘉治隆一『近代ロシア社会史研究』同人社書店、1925年。

外務省情報部編『国際事情　続編：第八』良栄堂、1937年。

外務省編『北満洲之産業』金港堂書籍株式会社、1908年。

北川鹿蔵『「ツラン民族分布地図」解説書』日本ツラン協会、1933年。

北川鹿蔵『パン・ツングーシズムと同胞の活路』大通民論社、1929年。

国防教育会編『思想国防』国防教育会、1巻1号（10月）〜3号（12月）、1935年、2巻1号
　　（1月）、1936年。

国民政治経済研究所編『日本反共運動の展望』国民政治経済研究所、1940年。

ゴルチンスキー、セルゲイ「支那、蒙古に於ける共産党員の活動」『新露西亜観』露西亜
　　通信社、1927年。

斉藤貢『転換日本の人物風景』大東書房、1932年。

全亜細亜会編『国際間における日本の孤立』、全亜細亜会、1917年。

大正通信社編『教育資料：写真通信』大正5年3月号、大正通信社、1916年。

武居芳成『日魯国勢略説』武居芳成、1905年。

帝国聯隊史刊行会編『近衛歩兵第一聯隊史』帝国聯隊史刊行会、1918年。

東京外国語学校校友会編『卒業会員氏名録』東京外国語学校校友会、1910年。

昇曙夢「三　小露西亜民謡昇曙夢」『露西亜文学研究』隆文館、1907年。

長谷川時雨「松井須磨子」『新編　近代美人伝（上）』岩波文庫、1985年（初版1936年）。

哈爾濱商工公会編『哈爾濱経済概観』哈爾濱商工公会、1938年。

哈爾濱特別市公署総務處庶務科編『大哈爾濱』哈爾濱特別市公署、1933年。

哈爾濱日本商工会議所『北満洲の資源と産業概観』哈爾濱日本商工会議所、1929年。

バイロン、ジョージ・ゴードン、木村鷹太郎訳『汗血千里マゼッパ』二松堂書房、1907
　　年。

藤井金十郎『哈爾濱と風俗（現地写真集)』日信洋行、1943年。

藤井金十郎編『哈爾濱写真帖 Views of Harbin』日信洋行、1941年。

堀江一正『露西亜が譲歩するまで』南満洲鉄道哈爾賓調査課、1926年。

正兼菊太『ロシヤ潜行六カ年』国防教育会、1936年。

文部省社会教育局編『連合国軍総司令部から没収を命ぜられた宣伝用刊行物総目録』文
　　部省社会教育局、1949年。

八杉貞利「一　大露西亜人と小露西亜人」『露西亜及露西亜人』時事叢書：第一六編、富
　　山房、1914年。

山内封介『赤軍将校陰謀事件の真相：スターリン暗黒政治の曝露』国際反共連盟調査部、
　　1937年。

山内封介『日本に挑戦する赤魔：ソヴェートの対日開戦準備』愛国新聞社出版部、1938年。

与謝野晶子「砂の塔　その折り、の感想」『女学世界』大正5年8月号、博文館、1916年。

吉村忠三『ソ聯は日本に挑戦するか』日本講演通信社、1937年。

吉村忠三『日露の現在及将来』日本公論社、1934年。

露西亜通信社編『サウェート現勢資料　第一篇』露西亜通信社、1930年。

露西亜通信社編『露西亜事情　第三一輯：ウクライナの独立問題其他』露西亜通信社、1928年。

露西亜通信社編『露西亜事情集　第四編』露西亜通信社、1928年。

和田軌一郎『ロシア放浪記』南宋書院、1928年。

ヴェスパ、アムレトー、山村一郎訳『中国侵略秘史』大雅堂、1946年。

〈絵葉書〉

「（ハルピン）ウクライナ寺院 VIEW OF UKURAINA CHURCH, HARBIN」

「（哈爾濱）冬空に鐘の音淋しウクライナ寺院」

「ウクライナ寺院　VIEWS OF HARBIN 哈爾濱大観」TAISHO。

「ウクライナ寺院」『哈爾浜の寺院』哈爾浜鉄道局編輯（第3輯）。

「街はひろびろと」

「堂塔皆凍る・ウクライナ寺院　（HARUBIN)」満洲国郵政明信片。

「哈爾賓の馬家溝方面を望む　右領事官邸」

「哈爾賓新市街帝国領事館官舎　並ニ馬家溝市街ヲ望ム」

「哈爾濱義州街より馬家溝の遠望」

【主要参考文献】

〈ウクライナ語〉

Василюк О. Д. Андрій Ковалівський: перші кроки в орієнталістиці / О. Д. Василюк, Е. Г. Циганкова // Східний світ. – 2015. – № 4. – С. 16–27.

Капранов С. В. Японознавство в Україні: головні етапи розвитку до 1991 року / С. В. Капранов // Маґістеріум. Вип. 26. Культурологія / [упоряд. Джулай Ю. В.]. – 2007. – С. 43–48.

Купецький Г. Там де сонце сходить. Спогади бойовика ОУН на Далекому Сході. — Торонто: Видавництво Віктора Поліщука, 1988. – 498 с.

Лах Р. А. Японія у житті та науково–публіцистичній спадщині Івана Світа (1897–1989) / Р. А. Лах // Вісник Львівського університету. Серія філологічна. – 2017. – Вип. 65. – С. 234–245.

Луговська І.Б., Чайковська О.В. Федір Пущенко – жертва сталінських репресій проти української інтелігенції.// Політичні репресії в Радянській Україні у 1930–ті р.р.: матеріали всеукр. наук.–практ. конф. – Кам'янець–Подільський, 2018. – С. 163–168.

Малахова Ю. Діяльність українського технікуму сходознавства та східних мов у 30–ті роки XX ст. / Ю. Малахова // Мовні і концептуальні картини світу. – 2012. – Вип. 40. – С. 309–313.

Накай К. Україна і Японія. Дещо про відносини між обома країнами та про українознавство в Японії / Кадзуо Накай // Українська Орієнталістика. – Київ, 2007–2008. – Вип. 2–3. – С. 137–141.

Попок А. А. «Маньджурський вістник» // Енциклопедія історії України: у 10 т. / редкол.: В. А. Смолій (голова) та ін. ; Інститут історії України НАН України. – К. : Наук. думка, 2012. – Т. 6 : Ла – Мі. – С. 476.

Чорномаз В. Зелений Клин (Український Далекий Схід) / В'ячеслав Чорномаз. – Владивосток : Видавництво Далекосхідного федерального університету, 2011. – 288 с.

Шевченко О. М. Український Харбін / ГОЛОВНА ПУБЛІКАЦІЇ Журнал Україна–Китай N3(9) 2017.

Шуйський І. Невиданий підручник з японської : [про Ф. Д. Пущенка] / І. Шуйський // Реабі-літовані історією. Харківська область / Ред.–видав. група Харк. тому сер. «Реабілітовані історією». – Київ ; Харків, 2008. – Кн. 1, ч. 2. – С. 128–137.

〈英語〉

Cipko, S., 'Ukrainians in Manchuria, China: A Concise Historical Survey', Past Imperfect, Vol. 1, 1992.

Dimitrakis, P., The Secret War for China: Espionage, Revolution and the Rise of Mao, Bloomsbury Publishing, 2017.

Gamache, R., Gareth Jones: Eyewitness to the Holodomor, Welsh Academic Press, 2013.

Gamache, R., 'Breaking Eggs for a Holodomor: Walter Duranty, the New York Times, and the Denigration of Gareth Jones', Journalism history 39(4):208–218, 2014.

Stephan, John J., The Russian Fascists: Tragedy and Farce in Exile, 1925–1945. New York: Harper & Row, 1978.

Taylor, S.J., Stalin's Apologist: Walter Duranty: The New York Times's Man in Moscow, Oxford University Press, USA, 1990.

〈ロシア語〉

Балакшин П. Финал в Китае. Возникновение, развитие и исчезновение Белой Эмиграции на Дальнем Востоке. Том 2 / П. Балакшин. Сан-Франциско–Париж – Нью-Йорк: Кни-гоиздательство Сириус, 1958. – 374 с.

Подалко П.Э. Русская колония в Кобе. Исторический обзор // Известия Восточного института. 1998. № S. C. 200–225.

Яковкин Е. В. Русские солдаты Квантунской армии. – М.: Вече, 2014. – 320 с.

Незабытые могилы. Российское зарубежье: некрологи 1917–1997. Том 6. Книга 3. Х-Я. / Рос. Гос. б-ка; сост. В. Н. Чуваков; под ред. Е. В. Макаревич. – М.: Изд-во «Пашков дом», 2007. – 703 с.

〈邦語〉

アブデュルレシト、イブラヒム著、小松香織、小松久男訳『ジャポンヤ』第三書館、1991年。

アルシノフ、P著、郡山堂前訳『マフノ運動史1918‐1921──ウクライナの反乱・革命の死と希望』、社会評論社、2003年。

池井優、坂本勉編『近代日本とトルコ世界』勁草書房、1999年。

一色達夫編『嶋野三郎──満鉄ソ連情報活動家の生涯』満鉄会・嶋野三郎伝記刊行会、1984年。

今、ハルビンを語る会編『ハルビン日本人女学校』今、ハルビンを語る会、1997年。

伊東孝之、井内敏夫、中井和夫編『ポーランドウクライナバルト史』山川出版、1998年。

生田美智子編『満洲の中のロシア──境界の流動性と人的ネットワーク』成文社、2012年。

生田美智子編『女たちの満洲──他民族空間を生きて』大阪大学出版会、2015年。

海野弘『陰謀と幻想の大アジア』平凡社、2005年。

荻野富士夫『思想検事』岩波新書、2000年。

大澤隼「ウォッカ」『中央公論』6月号、1955年。

大澤隼「ロシヤ文人の悲運」『ソ連研究』4巻5号、1955年。

岡部芳彦「満洲の〈ウクライナ運動〉～忘却された日本・ウクライナ関係史」『アリーナ』20号、2017年。

恩田逸夫『宮沢賢治論2　詩研究』東京書籍、1981年。

加藤哲郎『モスクワで粛清された日本人──30年代共産党と国崎定洞・山本懸蔵の悲劇』青木書店、1994年。

川村花菱『松井須磨子──芸術座盛衰記』青蛙房、2006年（初版1968年）。

川又一英『コスモポリタン物語』コスモポリタン製菓、1990年。

川又一英『大正十五年の聖バレンタイン　日本でチョコレートをつくったV・F・モロゾフ物語』PHP出版、1984年。

黒川祐次『物語　ウクライナの歴史』中公新書、2002年。

倉橋武雄「赤い国の思い出・5題」『月刊野田経済』6月号、野田経済研究所、1953年。

公益社団法人国際演劇協会日本センター編「日露バレエ交流──1916年帝劇で上演された日本初のバレエ公演」『国際演劇年鑑2017──世界の舞台芸術を知る』、2017年。

佐和みずえ『チョコレート物語：一粒のおくり物を伝えた男』くもん出版、2018年。

阪本秀昭編『満洲におけるロシア人の社会と生活　日本人との接触と交流』ミネルヴァ
　　書房、2013年。

沢田和彦「I. A. ゴンチャローフと二人の日本人」『スラヴ研究』45号、1998年。

沢田和彦「ロシア人の観た明治の新潟——P. G. ヴァスケーヴィチ『日本旅行日誌敦賀港
　　から新潟港まで——』について」『ロシア語ロシア文学研究』34号、日本ロシア文学
　　会、2002年。

沢田和彦「日本におけるゴンチャローフの受容について：翻訳・研究史概観」『ロシヤ語
　　ロシヤ文学研究』13号、日本ロシア文学会、1981年。

澤井充生「日本の回教工作と清真寺の管理統制——蒙疆政権下の回民社会の事例から」
　　『人文学報（社会人類学分野）』483号、2014年。

柴田鳩翁、柴田実校訂『鳩翁道話』東洋文庫、平凡社、1970年。

柴田鳩翁、石川謙校訂『鳩翁道話』岩波文庫、岩波書店、1935年。

下斗米伸夫「『空白』と『記憶』：ウクライナ飢饉と歴史認識」『国際問題』、2009年。

シュネー、ハインリッヒ著、金森誠也訳『「満洲国」見聞記～リットン調査団同行記』講
　　談社学術文庫、2002年。

杉浦静『宮沢賢治：明滅する春と修羅——心象スケッチという通路』蒼丘書林、1993年。

杉山公子『哈爾賓物語——それはウラジオストクからはじまった』原書房、1985年。

鈴木亨編『帝国陸軍将軍総覧』秋田書店、1990年。

砂村哲也『ハルビンの教会の庭』PHP出版、2009年。

田々宮英太郎『橋本欣五郎一代』芙蓉書房出版、1982年。

富田武『シベリア抑留者たちの戦後——冷戦下の世論と運動　1945－56年』人文書院、
　　2013年。

ドミートリエヴァ、エレーナ「満洲国における白系ロシア人の位置付け——東洋人と西
　　洋人の共存共栄・民族協和社会の実態——」『岡山大学経済学会雑誌』49巻3号、2018
　　年。

中井和夫「アメリカのなかのウクライナ、そして日本」『窓』45号、ナウカ、1983年。

中井和夫「ドラホマノフ覚書：帝政ロシアとウクライナ」『ロシア史研究』38号、1983
　　年。

中井和夫『ウクライナ・ナショナリズム——独立のディレンマ』東京大学出版会、1998
　　年。

中井和夫『ウクライナ語入門』大学書林、1991年。

中井和夫『ソヴェト民族政策史——ウクライナ1917-1945』御茶の水書房、1988年。

中井和夫『多民族国家ソ連の終焉』岩波書店、1992年。

中嶋毅「カスペ事件をめぐる在ハルビン・ロシア人社会と日本：1933-1937」『人文学報
　　（歴史学編）』、2014年。

中嶋毅編『新史料で読むロシア史』山川出版社、2013年。

中村喜和、長縄光男、沢田和彦、ポダルコ、ピョートル『異郷に生きるⅥ　来日ロシア

人の足跡』成文社、2016年。

永嶺重敏『流行歌の誕生──「カチューシャの唄」とその時代』吉川弘文館、2010年。

西原征夫『全記録ハルビン特務機関：関東軍情報部の軌跡』毎日新聞社、1980年。

服部倫卓、原田義也編『ウクライナを知るための65章』明石書店、2018年。

羽生勇作「近代人道主義体制の萌芽と難民保護──クリミア戦争から国際聯盟まで──」
　　『日本大学大学院総合社会情報研究科紀要』No. 18、2017年。

早坂真理「ロシア・ジャコバン派とミハイロ・ドラホマノフの論争──国際主義と民族主
　　義の狭間──」『茨城大学教養部紀要』26号、1994年。

原田義也「ウクライナと日本の文化交流──大陸を超えて響き合うもの」『明治大学国際
　　日本学研究』9（1）号、2016年。

平野恵美子「ロシア革命と日本におけるバレエの受容：亡命ロシア人がもたらしたも
　　の」、『SLAVISTIKA（東京大学大学院人文社会系研究科スラヴ語スラヴ文学研究室
　　年報）』33・34号、2018年。

平野高志『ウクライナファンブック』合同会社パブリブ、2020年。

藤井悦子編訳「シェフチェンコ詩集　コブザール」群像社、2018年。

藤井省三『エロシェンコの都市物語──1920年代　東京・上海・北京』みすず書房、1989
　　年。

古澤幸吉著、古澤陽子編『古澤幸吉自叙伝「吾家の記録」──村上・厚岸・東京・ハル
　　ビン』古澤隆彦発行、2016年。

保坂三四郎「ウクライナのKGBアーカイブ：公開の背景とその魅力」『ロシア史研究』
　　第105号、2020年。

ホメンコ、オリガ「東アジアのなかのウクライナ　イワン・スヴィットの足跡をおって」
　　『ロシア文化通信　群 GUN』54号、2019年。

ポダルコ、ピョートル『白系ロシア人とニッポン』成文社、2010年。

幕内満雄『満州国警察外史』三一書房、1996年。

道田善哉「ソ連通・人物月旦　山岡道武」『ソ連研究』5巻56号、ソ連問題研究会、1956
　　年。

宮沢賢治『新校本宮沢賢治全集』第3巻詩Ⅱ、第3巻詩Ⅱ校異編、筑摩書房、1997年。

宮沢賢治学会イーハトーブセンター編『「春と修羅」第二集研究』思潮社、1998年。

武藤富男『私と満洲国』文芸春秋、1988年。

目賀田思水（周之助）「堀江一正君：人間としての責任に殉じた人」『追悼録』、陸軍士官
　　学校24期会、1962年。

野砲兵第十聯隊戦没者追悼記念誌編纂委員会編『野砲兵第10聯隊戦没者追悼記念誌：戦
　　友会50年の歩み』野砲兵第十聯隊比島戦友会、1994年。

山岡道武「ジューコフ国防相」『人物往来』4月号、人物往来社、1955年。

山口淑子『李香蘭──私の半生』新潮社、1987年。

ヴェスパ、アムレトー、鳥居英晴訳『関東軍特務機関員だったイタリア人の手記』柘植

書房新社、2019年。

【ウェブ資料】

〈ウクライナ語〉

Українська правда, Історична правда, 2014. 6. 23.（URL: http://www.istpravda.com.ua /short/2014/06/23/143421/　最終閲覧日：2017年4月11日）

〈英語〉

Manchukuo Stamps（URL: http://manchukuostamps.com/John_V_Sweet.htm　最終閲覧日： 2017年4月2日）

Report of the Commission of Enquiry into the Sino-Japanese Dispute（URL: http://www .business-sha.co.jp/wp-content/uploads/Lytton_Commission.pdf　最終閲覧日：2017年4 月30日）

Internet Encyclopedia of Ukraine, Canadian Institute of Ukrainian Studies（URL: http://www .encyclopediaofukraine.com/　最終閲覧日：2017年4月30日）

Ukrainian Bureau（Українське Бюро）Ukrainians in the United Kingdom Online encyclopaedia （URL: http://www.ukrainiansintheuk.info/eng/03/ukrbureau31-e.htm　最終閲覧日：2020 年5月8日）

Anglo-Ukrainian Committee（Англо-український комітет）. Ukrainians in the United Kingdom Online encyclopaedia（URL: http://www.ukrainiansintheuk.info/eng/03/aucomm1935-e .htm　最終閲覧日：2020年5月4日）

«Діло», （Canadian Institute of Ukrainian Studies, Internet Encyclopedia of Ukraine, URL: http://www.encyclopediaofukraine.com/display.asp?linkpath=pages%5CD%5CI%5CDilo IT.htm　最終閲覧日：2020年5月12日）

«Тризуб», （Canadian Institute of Ukrainian Studies, Internet Encyclopedia of Ukraine, URL: http://www.encyclopediaofukraine.com/display.asp?linkpath=pages%5CT%5CR%5CTryzu bIT.htm　最終閲覧日：2020年5月11日）

«Свобода», （Canadian Institute of Ukrainian Studies, Internet Encyclopedia of Ukraine, URL: http://www.encyclopediaofukraine.com/display.asp?linkpath=pages%5CS%5CV%5CSvobo daLvivIT.htm　最終閲覧日：2020年5月12日）

〈ロシア語〉

Гавликовский, Николай Людвигови, （ロシア国立図書館ウェブサイト URL: https://search.rsl. ru/ru/record/01003644831　最終閲覧日：2020年6月13日）

Игорь ОСИПЧУК, «Рискуя попасть в застенки НКВД, мой прадед фотографировал жертв Голодомора» （«ФАКТЫ», 14 февраля 2018, URL: https://fakty.ua/258493-riskuya-

popast-v-zastenki-nkvd-moj-praded-fotografiroval-zhertv-golodomora　最終閲覧日：2020
年3月20日）

Расстрелянное поколение: 1937-й и другие годы. Биографический справочник.（URL:
http://1937god.info/node/678　最終閲覧日：2020年6月2日）

〈中国語〉

陳靜「破壊，高壓與反抗──淪陷時期北京文化界面面觀」（『中國共産黨新聞網』URL:
http://cpc.people.com.cn/BIG5/64162/64172/85037/85041/6501218.html　最終閲覧日
：2020年3月22日）

〈邦語〉

「ウクライナ（2017年度）：日本語教育の実施状況」（国際交流基金ウェブサイト URL:
https://www.jpf.go.jp/j/project/japanese/survey/area/country/2017/ukraine.html　最終閲
覧日：2020年3月29日）

人名索引

地名索引

事項索引

著者紹介

岡部芳彦（おかべ　よしひこ）

1973年9月9日、兵庫県生まれ
神戸学院大学経済学部教授、同国際交流センター所長
博士（歴史学）［中部大学：2021年］、博士（経済学）［神戸学院大学：2015年］
ウクライナ国立農業科学アカデミー外国人会員
ウクライナ研究会（国際ウクライナ学会日本支部）会長

主な受賞歴：ウクライナ研究会賞受賞（2022年）ウクライナ内閣名誉章（2021年）、ウクライナ最高会議章（2019年）、ウクライナ大統領付属国家行政アカデミー名誉教授（2019年）、名誉博士（ウクライナ国立農業科学アカデミー・アグロエコロジー環境マネジメント研究所第68号、2013年）

主要著書・論文・翻訳書：『日本・ウクライナ交流史1915–1937年』（神戸学院大学出版会、2021年）、『Історія японсько-українських відносин 1915–1937 pp.』（上記のウクライナ語版、ナディア・ゴラル訳、リヴィウ工科大学出版、2021年）、『ウクライナを知るための65章』（共著、明石書店、2018年）、『マイダン革命はなぜ起こったか――ロシアとEUのはざまで――』（ドニエプル出版、2016年）、「人的背景から見たウクライナの政治経済の30年」（『ロシアNIS調査月報』、2021年）、「ウクライナ政治エリートの実像――ヤヌコーヴィチ、マイダン、ポロシェンコ政権――」（『ロシア・ユーラシアの経済と社会』、2016年）、ヴァシリ・クイビダ『詩集彩られた沈黙』（監訳者、ドニエプル出版、2019年）、『エンドウ豆太郎（コティホローシュコ）：ウクライナの民話』（翻訳校正、オデーサ・アストロ出版、2021年）

E-mail: okabe@eb.kobegakuin.ac.jp

日本・ウクライナ交流史　1915-1937年

発行日	2021年2月1日
第2刷	2022年5月20日
著　者	岡部芳彦 ©
装　丁	岡部芳彦 ©
発行人	中村　恵
発　行	神戸学院大学出版会
組　版	窮狸校正所
印刷所	モリモト印刷株式会社
発　売	株式会社エピック

651-0093　神戸市中央区二宮町1-3-2
電話 078 (241) 7561　FAX 078 (241) 1918
https://epic.jp　　E-mail: info@epic.jp

©2021 Yoshihiko Okabe　Printed in Japan
ISBN 978-4-89985-208-7 C3039